DIREITO DO TRABALHO NO STF

16

GEORGENOR DE SOUSA FRANCO FILHO
*Desembargador Federal do Trabalho do Tribunal Regional do Trabalho da 8ª Região.
Doutor em Direito pela Faculdade de Direito da Universidade de São Paulo.
Professor Titular de Direito Internacional e de Direito do Trabalho
da Universidade da Amazônia.
Presidente Honorário da Academia Nacional de Direito do Trabalho.
Membro da Academia Paraense de Letras, da Sociedade Brasileira
de Direito Internacional e da International Law Association.*

DIREITO DO TRABALHO NO STF

16

LTr

LTr

EDITORA LTDA.
© Todos os direitos reservados

Rua Jaguaribe, 571
CEP 01224-001
São Paulo, SP — Brasil
Fone (11) 2167-1101
www.ltr.com.br
Impressão: IMAGEM DIGITAL
LTr 4844.8
Junho, 2013

Dados Internacionais de Catalogação na Publicação (CIP)
(Câmara Brasileira do Livro, SP, Brasil)

Franco Filho, Georgenor de Sousa
    Direito do trabalho no STF, 16 / Georgenor de Sousa Franco Filho. — 1. ed. — São Paulo : LTr, 2013.

    Bibliografia
    ISBN 978-85-361-2580-0

    1. Direito do trabalho 2. Direito do trabalho — Brasil 3. Brasil. Supremo Tribunal Federal I. Título.

13-04199   CDU-34:331:347.991(81)

Índices para catálogo sistemático:
    1. Brasil : Direito do trabalho : Supremo Tribunal Federal   34:331:347.991(81)

PRINCIPAIS OBRAS DO AUTOR

De autoria exclusiva

1. *Direito do mar*. Belém: Imprensa Oficial do Estado do Pará, 1974 (esgotado).
2. *A proteção internacional aos direitos humanos*. Belém: Imprensa Oficial do Estado do Pará, 1975 (esgotado).
3. *O Pacto Amazônico:* ideias e conceitos. Belém: Falângola, 1979 (esgotado).
4. *Imunidade de jurisdição trabalhista dos entes de Direito Internacional Público* (Prêmio "Oscar Saraiva" do Tribunal Superior do Trabalho). São Paulo: LTr, 1986 (esgotado).
5. *Na vivência do Direito Internacional*. Belém: Cejup, 1987 (esgotado).
6. *Na Academia:* imortal por destino. Mosaico cultural (em colaboração). Belém: Falângola, 1987 (esgotado).
7. *Guia prático do trabalho doméstico*. Belém: Cejup, 1989.
8. *A arbitragem e os conflitos coletivos de trabalho no Brasil*. São Paulo: LTr, 1990 (esgotado).
9. *Liberdade sindical e direito de greve no direito comparado (lineamentos)*. São Paulo: LTr, 1992.
10. *Relações de trabalho na Pan-Amazônia: a circulação de trabalhadores* (Tese de Doutorado na Faculdade de Direito da Universidade de São Paulo). São Paulo: LTr, 1996.
11. *A nova lei de arbitragem e as relações de trabalho*. São Paulo: LTr, 1997.
12. *Globalização & desemprego:* mudanças nas relações de trabalho. São Paulo: LTr, 1998.
13. *Direito do Trabalho no STF (1)*. São Paulo: LTr, 1998.
14. *Competência Internacional da Justiça do Trabalho*. São Paulo: LTr, 1998.
15. *O servidor público e a reforma administrativa*. São Paulo: LTr, 1998.
16. *Direito do Trabalho no STF (2)*. São Paulo: LTr, 1999.
17. *Tratados internacionais*. São Paulo: LTr, 1999.
18. *Direito do Trabalho no STF (3)*. São Paulo: LTr, 2000.
19. *Globalização do trabalho:* rua sem saída. São Paulo: LTr, 2001.
20. *Direito do Trabalho no STF (4)*. São Paulo: LTr, 2001.
21. *Direito do Trabalho no STF (5)*. São Paulo: LTr, 2002.
22. *Direito do Trabalho no STF (6)*. São Paulo: LTr, 2003.
23. *Direito do Trabalho no STF (7)*. São Paulo: LTr, 2004.
24. *Ética, direito & justiça*. São Paulo: LTr, 2004.
25. *Direito do Trabalho no STF (8)*. São Paulo: LTr, 2005.
26. *Direito do Trabalho no STF (9)*. São Paulo: LTr, 2006.
27. *Trabalho na Amazônia:* a questão dos migrantes. Belém: Unama, 2006.
28. *Direito do Trabalho no STF (10)*. São Paulo: LTr, 2007.

29. *Direito do Trabalho no STF (11)*. São Paulo: LTr, 2008.
30. *Direito do Trabalho no STF (12)*. São Paulo: LTr, 2009.
31. *Avaliando o Direito do Trabalho*. São Paulo: LTr, 2010.
32. *Direito do Trabalho no STF (13)*. São Paulo: LTr, 2010.
33. *Direito do Trabalho no STF (14)*. São Paulo: LTr, 2011.
34. *Direito do Trabalho no STF (15)*. São Paulo: LTr, 2012.

Obras coordenadas

1. *Direito do trabalho e a nova ordem constitucional*. São Paulo: LTr, 1991. Da distinção entre atos de império e de gestão e seus reflexos sobre os contratos de trabalho celebrados com entes de Direito Internacional Público. pp. 29-54

2. *Curso de direito coletivo do trabalho (Estudos em homenagem ao Ministro Orlando Teixeira da Costa)*. São Paulo: LTr, 1998. Negociação coletiva transnacional. pp. 291-307 — ISBN 85-7322-366-9

3. *Presente e futuro das relações de trabalho (Estudos em homenagem ao Prof. Roberto Araújo de Oliveira Santos)*. São Paulo: LTr, 2000. Globalização, a Amazônia e as relações de trabalho. pp. 242-257 — ISBN 857322858X

4. *Direito e processo do trabalho em transformação (*em conjunto com os Ministros Ives Gandra da Silva Martins Filho e Maria Cristina Irigoyen Peduzzi e os Drs. Ney Prado e Simone Lahorgue Nunes). São Paulo: Campus/Elsevier, 2007. Relações de trabalho passíveis de apreciação pela Justiça do Trabalho. pp. 145-155 — ISBN 978-85-352-2432-0

5. *Trabalho da mulher (Estudos em homenagem a jurista Alice Monteiro de Barros)*. São Paulo: LTr, 2009 — ISBN 978-85-361-1364.7

Obras em coautoria

1. *Estudos de direito do trabalho (homenagem ao Prof. Júlio Malhadas)* (Coordenação: Prof[a] Anna Maria de Toledo Coelho). Curitiba: Juruá, 1992. *Imunidade das organizações internacionais. Um aspecto da competência internacional da Justiça do Trabalho*. pp. 294-303

2. *Processo do trabalho (homenagem ao Prof. José Augusto Rodrigues Pinto)* (Coordenação: Dr. Rodolfo Pamplona Filho). São Paulo: LTr, 1997. *A nova sistemática do agravo de petição*. pp. 369-378 — ISBN 85-7322-305-7

3. *Estudos de direito do trabalho e processo do trabalho (homenagem ao Prof. J. L. Ferreira Prunes)* (Coordenação: Drs. Juraci Galvão Júnior e Gelson de Azevedo). São Paulo: LTr, 1998. *O princípio da dupla imunidade e a execução do julgado contrário a ente de Direito Internacional Público*. pp. 80-92 ISBN 85-3722-385-5

4. *Manual de direito do trabalho (homenagem ao Prof. Cássio Mesquita Barros Júnior)* (Coordenação: Dr. Bento Herculano Duarte Neto). São Paulo: LTr, 1998. *Suspensão do Trabalho — Suspensão e interrupção*. pp. 325-336 — ISBN 85-7322-380-4

5. *Direito internacional no Terceiro Milênio (homenagem ao Prof. Vicente Marotta Rangel)* (Coordenação: Profs. Luiz Olavo Baptista e J. R. Franco da Fonseca). São Paulo: LTr, 1998. *Considerações acerca da Convenção Internacional sobre a Proteção do Trabalhador Migrante*. pp. 653-665 — ISBN 85-7322-417-7

6. *Direito do Trabalho (homenagem ao Prof. Luiz de Pinho Pedreira da Silva)* (Coordenação: Drs. Lélia Guimarães Carvalho Ribeiro e Rodolfo Pamplona Filho). São Paulo: LTr, 1998. *Importância do direito internacional para o direito do trabalho*. pp. 71-77 — ISBN 85-7233-545-9

7. *Estudos de Direito (homenagem ao Prof. Washington Luiz da Trindade)* (Coordenação: Drs. Antônio Carlos de Oliveira e Rodolfo Pamplona Filho). São Paulo: LTr, 1998. *Imunidade de jurisdição dos entes de direito público externo.* pp. 448-455 — ISBN 85-7322-539-4

8. *Direito sindical brasileiro (homenagem ao Prof. Arion Sayão Romita)* (Coordenação: Dr. Ney Prado). São Paulo: LTr, 1998. *Contribuições sindicais e liberdade sindical.* pp. 144-152 — ISBN 85-7322-543-2

9. *Ordem econômica e social (homenagem ao Prof. Ary Brandão de Oliveira)* (Coordenação: Dr. Fernando Facury Scaff). São Paulo: LTr, 1999. *Trabalho infantil.* pp. 139-143 — ISBN 85-7322-632-3

10. *Fundamentos do direito do trabalho (homenagem ao Ministro Milton de Moura França)* (Coordenação: Drs. Francisco Alberto da Motta Peixoto Giordani, Melchíades Rodrigues Martins e Tárcio José Vidotti). São Paulo: LTr, 2000. *Unicidade, unidade e pluralidade sindical. Uma visão do Mercosul.* pp. 122-130 — ISBN 85-7322-857-1

11. *Temas relevantes de direito material e processual do trabalho (homenagem ao Prof. Pedro Paulo Teixeira Manus)* (Coordenação: Drs. Carla Teresa Martins Romar e Otávio Augusto Reis de Sousa). São Paulo: LTr, 2000. *Execução da sentença estrangeira.* pp. 66-73 — ISBN 85-7322-883-0

12. *Os novos paradigmas do Direito do Trabalho (homenagem ao Prof. Valentin Carrion)* (Coordenação: Drª Rita Maria Silvestre e Prof. Amauri Mascaro Nascimento). São Paulo: Saraiva, 2001. *A legislação trabalhista e os convênios coletivos.* pp. 281-287 — ISBN 85-02-03337-9

13. *O direito do trabalho na sociedade contemporânea* (Coordenação: Dras. Yone Frediani e Jane Granzoto Torres da Silva). São Paulo: Jurídica Brasileira, 2001. *A arbitragem no direito do trabalho.* pp. 140-148 — ISBN 85-8627-195-0

14. *Estudos de direito constitucional (homenagem ao Prof. Paulo Bonavides)* (Coordenação: Dr. José Ronald Cavalcante Soares). São Paulo: LTr, 2001. *Identificação dos direitos humanos.* pp. 119-126 — ISBN 85-361-163-6

15. *O direito do trabalho na sociedade contemporânea (II)* (Coordenação: Profa. Yone Frediani). São Paulo: Jurídica Brasileira, 2003. *A Convenção n. 132 da OIT e seus reflexos nas férias.* pp. 66-73 — ISBN 85-7538-026-5

16. *Constitucionalismo social (homenagem ao Ministro Marco Aurélio Mendes de Farias Mello)* (Coordenação: EMATRA-2ª). São Paulo: LTr, 2003. *Os tratados internacionais e a Constituição de 1988.* pp. 171-180 — ISBN 85-3610-394-9

17. *Recursos trabalhistas (homenagem ao Ministro Vantuil Abdala)* (Coordenação: Drs. Armando Casimiro Costa e Irany Ferrari). São Paulo: LTr, 2003. *Recurso extraordinário.* pp. 55-65 — ISBN 85-3610-491-0

18. *Relações de Direito Coletivo Brasil-Itália* (Coordenação: Yone Frediani e Domingos Sávio Zainaghi). São Paulo: LTr, 2004. *Organização sindical.* pp. 175-180 — ISBN 85-3610-523-2

19. *As novas faces do direito do trabalho (em homenagem a Gilberto Gomes)* (Coordenação: João Alves Neto). Salvador: Quarteto, 2006. *O triênio de atividade jurídica e a Resolução n. 11 do CNJ.* pp. 143-155 — ISBN 85-8724-363-2

20. *Curso de Direito Processual do Trabalho (em homenagem ao Ministro Pedro Paulo Teixeira Manus, do Tribunal Superior do Trabalho)* (Coordenação: Hamilton Bueno). São Paulo: LTr, 2008. *Recursos trabalhistas.* pp. 205-215 — ISBN 97-8853-6111-21

21. *Jurisdição* — crise, efetividade e plenitude institucional (volume 2) (Coordenação: Luiz Eduardo Gunther). Curitiba: Juruá, 2009. *Das imunidades de jurisdição e de execução nas questões trabalhistas.* pp. 491-501 — ISBN 978-85-362-275-9

22. *Direito internacional:* estudos em homenagem a Adherbal Meira Mattos (Coordenação: Paulo Borba Casella e André de Carvalho Ramos). São Paulo: Quartier Latin, 2009.

Os tratados sobre direitos humanos e a regra do art. 5º, § 3º, da Constituição do Brasil. pp. 523-532 — ISBN 85-7674-423-6

23. *Meio ambiente do trabalho* (Coordenação: Elida Seguin e Guilherme José Purvin de Figueiredo). Rio de Janeiro: GZ, 2010. *Atuação da OIT no meio ambiente do trabalho; a Convenção n. 155.* pp. 199-207 — ISBN 978-85-624-9048-4

24. *Jurisdição* — crise, efetividade e plenitude institucional (volume 3) (Coordenação: Luiz Eduardo Gunther, Willians Franklin Lira dos Santos e Noeli Gonçalves Gunther). Curitiba: Juruá, 2010. *Prisão do depositário infiel na Justiça do Trabalho.* pp. 529-540 — ISBN 978-85-362-3197-6

25. *Contemporaneidade e trabalho (aspectos materiais e processuais; estudos em homenagem aos 30 anos da Amatra 8)* (Coordenação: Gabriel Velloso e Ney Maranhão). São Paulo: LTr, 2011. *Direito social ao lazer: entretenimento e desportos.* pp. 17-23 — ISBN 878-85-361-1640-2

26. *Atualidades do direito do trabalho (anais da Academia Nacional de Direito do Trabalho)* (Coordenação: Nelson Mannrich et alii). São Paulo: LTr, 2011. *O problema das prestadoras de serviço para financeiras e grupos econômicos bancários.* pp. 229-233 — ISBN 978-85--361-2108-6

27. *Conciliação:* um caminho para a paz social (Coordenação: Luiz Eduardo Gunther e Rosemarie Diedrichs Pimpão). Curitiba: Juruá, 2013. *A arbitragem nas relações de trabalho.* pp. 457-465. ISBN 978-85-362-4056-5

Prefácios

1. *Limites do jus variandi do empregador*, da Profª Simone Crüxen Gonçalves, do Rio Grande do Sul (São Paulo: LTr, 1997)

2. *Poderes do juiz do trabalho: direção e protecionismo processual*, do Juiz do Trabalho da 21ª Região Bento Herculano Duarte Neto, do Rio Grande do Norte (São Paulo: LTr, 1999)

3. *O Direito do Trabalho na sociedade moderna* (obra póstuma), do Ministro Orlando Teixeira da Costa, do Tribunal Superior do Trabalho, de Brasília (São Paulo: LTr, 1999)

4. *Direito Sindical*, do Procurador do Trabalho José Claudio Monteiro de Brito Filho, do Pará (São Paulo: LTr, 2000)

5. *As convenções da OIT e o Mercosul*, do Professor Marcelo Kümmel, do Rio Grande do Sul (São Paulo: LTr, 2001)

6. *O direito à educação e as Constituições brasileiras*, da Professora Eliana de Souza Franco Teixeira, do Pará (Belém: Grapel, 2001)

7. *Energia elétrica: suspensão de fornecimento*, dos Professores Raul Luiz Ferraz Filho e Maria do Socorro Patelló de Moraes, do Pará (São Paulo: LTr, 2002)

8. *Discriminação no trabalho*, do Procurador do Trabalho José Claudio Monteiro de Brito Filho, do Pará (São Paulo: LTr, 2002)

9. *Discriminação estética e contrato de trabalho*, da Professora Christiane Marques, de São Paulo (São Paulo: LTr, 2002)

10. *O poeta e seu canto*, do Professor Clóvis Silva de Moraes Rego, ex-Governador do Estado do Pará (Belém, 2003)

11. *O direito ao trabalho da pessoa portadora de deficiência e o princípio constitucional da igualdade*, do Juiz do Trabalho da 11ª Região Sandro Nahmias Mello, do Amazonas (São Paulo: LTr, 2004)

12. *A prova ilícita no processo do trabalho*, do Juiz Togado do TRT da 8ª Região Luiz José de Jesus Ribeiro, do Pará (São Paulo: LTr, 2004)

13. *Licença maternidade à mãe adotante: aspectos constitucionais*, da Juíza Togada do TRT da 2ª Região e Professora Yone Frediani, de São Paulo (São Paulo: LTr, 2004)

14. *Ventos mergulhantes,* do poeta paraense Romeu Ferreira dos Santos Neto (Belém: Pakatatu, 2007)

15. *Direito Sindical,* 2. ed., do Procurador do Trabalho da 8ª Região, Prof. Dr. José Claudio Monteiro de Brito Filho (São Paulo: LTr, 2007)

16. *A proteção ao trabalho penoso,* da Profa. Christiani Marques, da PUC de São Paulo (São Paulo: LTr, 2007)

17. *Regime próprio da Previdência Social,* da Dra. Maria Lúcia Miranda Alvares, Assessora Jurídica do TRT da 8ª Região (São Paulo: NDJ, 2007)

18. *Meninas domésticas, infâncias destruídas,* da Juíza do Trabalho da 8ª Região e Profª. Maria Zuíla Lima Dutra (São Paulo: LTr, 2007)

19. *Curso de Direito Processual do Trabalho (em homenagem ao Ministro Pedro Paulo Teixeira Manus, do Tribunal Superior do Trabalho)* (Coordenação: Hamilton Bueno). São Paulo: LTr, 2008

20. *Competências constitucionais ambientais e a proteção da Amazônia,* da Profª. Dra. Luzia do Socorro Silva dos Santos, Juíza de Direito do Pará e Professora da Unama (Belém: Unama, 2009)

21. *Extrajudicialização dos conflitos de trabalho,* do Prof. Fábio Túlio Barroso, da Universidade Federal de Pernambuco (São Paulo: LTr, 2010)

22. *Polêmicas trabalhistas,* de Alexei Almeida Chapper, Advogado no Estado do Rio Grande do Sul (São Paulo: LTr, 2010)

O que importa não é receber aplausos na entrada — o que é muito comum —, mas continuar a ser aplaudido na saída, fazer falta ao partir, o que é mais raro.
BALTASAR GRACIÁN *(A arte da prudência.* Rio de Janeiro, Sextante, 2003, p. 58)

À
Arnaldo Lopes Süssekind, meu amigo,
a "CLT viva", in memoriam.

Ao meu trio familiar,
Elza, Carolina e Georgenor Neto,
sempre.

SUMÁRIO

INTRODUÇÃO 15

PARTE I — DIREITOS INDIVIDUAIS 17
1. Adicional de insalubridade. Base de cálculo 19
2. FGTS. Contratação nula. Direito do trabalhador 24
3. Gestante 27
4. Médico. Demissão. Faltas injustificadas. Abandono de emprego 30
5. Profissional liberal. Cooperativa 34
6. Responsabilidade subsidiária 39
7. Sistema "S". Necessidade de concurso 55
8. Trabalho "escravo". Cadastro de empregadores. Perda de objeto 57

PARTE II — DIREITOS COLETIVOS 61
1. Cadastro sindical. Inconstitucionalidade 63
2. Greve 65

PARTE III — DIREITO PROCESSUAL 75
1. Certidão Negativa de Débito Trabalhista. Inconstitucionalidade 77
2. Competência 81
3. Embargos à execução. Prazo para oposição 90

PARTE IV — SERVIÇO PÚBLICO 95
1. Gestante. Cargo em comissão. Licença-maternidade 97
2. Servidor público. Salário-família 98
3. Servidor temporário. Direitos trabalhistas 100

PARTE V — PREVIDÊNCIA SOCIAL..................................... 105
  1. Aposentadoria de servidor celetista. Revisão de proventos 107
  2. Contribuição social. Cooperativas de trabalho..................... 110
  3. Gratificação de Natal. Aposentados do extinto Instituto de Previdência dos Congressistas... 112
  4. Previdência complementar privada. Filiação não obrigatória 118

PARTE VI — OUTROS TEMAS.. 123
  1. Súmulas Vinculantes do STF sobre matéria trabalhista...... 125

ÍNDICES 131
Índice geral.. 133
Índice dos julgados publicados na coletânea 135
Índice dos ministros do STF prolatores dos julgados citados 155
Índice temático 159

INTRODUÇÃO

O que seria um único livro, lançado nos idos de 1998, transformou-se nesta coletânea que, agora, alcança seu volume 16. São dezesseis anos de pesquisa e seleção que, por incentivo do grande Mecenas do Direito do Trabalho brasileiro que é Armando Casimiro Costa, venho fazendo para este *Direito do Trabalho no STF*.

As dificuldades iniciais de seleção da jurisprudência do ano no princípio da coletânea eram maiores, porque o trabalho exigia a leitura constante de páginas e páginas do Diário da Justiça, seguida da digitação de cada texto selecionado, um a um, anotando os aspectos mais relevantes.

Passaram-se os anos. A informática, que facilitou muito a comunicação, também proporcionou acesso mais imediato e rápido aos julgados do STF, e, assim, o tradicional *control-C/control-V* é usado de modo a minorar as dificuldades de digitação dos precedentes citados. Fica, é evidente, a necessidade de seleção, que a máquina, por mais moderna que seja, não tem sensibilidade para fazer. Aí, entra mesmo o ser humano. E, nesse momento, é que se redobra meu cuidado, a fim de continuar a atender ao chamado que me foi feito pela LTr. Todos os finais/inícios de anos, desde 1998, fecho-me à pesquisa, dia a dia, para ver o que, no meu critério, significa interessante sobre o Direito do Trabalho e outros ramos que são a ele ligados no exame da Suprema Corte brasileira.

Neste volume, penso que temas como responsabilidade subsidiária de entes da administração pública direta e indireta, certidão negativa de débito trabalhista e previdência complementar privada são alguns pontos de interesse da comunidade jurídica brasileira, e as principais decisões do Excelso Pretório estão colacionadas.

Desejo reiterar meu agradecimento à equipe da LTr, que sempre me acolhe tão gentilmente, na pessoa de Armando Casimiro Costa e seus filhos Manuel e Armandinho. Registro um momento de saudosa lembrança do sempre estimado Irany Ferrari, a quem homenageio como um grande jurista que o Direito do Trabalho perdeu em 2012.

Finalmente, renovo minha gratidão ao meu mundo pessoal, Elza, minha mulher, Carolina e Georgenor Neto, meus filhos, as três razões da minha vida.

Belém, janeiro/2013

Georgenor de Sousa Franco Filho

PARTE I

DIREITOS INDIVIDUAIS

1. ADICIONAL DE INSALUBRIDADE. BASE DE CÁLCULO[1]

Com o advento da Súmula Vinculante n. 4[2], operou-se dificuldade entre os tribunais brasileiros quanto a identificar a base de cálculo do adicional de insalubridade. O noticiário abaixo bem demonstra a incerteza causada também aos jurisdicionados, referente à RCL n. 13.189-SP, que, a 24.8.2012, o relator, Min. Joaquim Barbosa, apreciou:

> *Chegou ao Supremo Tribunal Federal (STF) Reclamação (RCL 13189) em que o Estado de São Paulo pede que seja cassada decisão judicial que fixou o salário mínimo como índice de correção do adicional de insalubridade para um servidor público. Na ação, o Estado alega que a decisão da 2ª Turma do Colégio Recursal da Fazenda Pública da Comarca de São Paulo viola a Súmula Vinculante 4, do STF.*
>
> *O enunciado impede que o salário mínimo seja utilizado como índice para reajuste de vantagem de servidor público ou empregado ao determinar o seguinte: "salvo os casos previstos na Constituição Federal, o salário mínimo não pode ser usado como indexador de base de cálculo de vantagem de servidor público ou de empregado, nem ser substituído por decisão judicial".*
>
> *Segundo o procurador-geral do Estado de São Paulo, "a clareza da determinação contida na Súmula 4, ao proibir a utilização do salário mínimo como indexador de vantagem de servidor público é inequívoca, como também é inquestionavelmente clara a proibição de sua substituição por decisão judicial".*

---

[1] V., nesta coletânea, v. 2, p. 15, v. 3, p. 13, v. 7, p. 17, v. 10, p. 19, v. 11, p. 17, v. 12, p. 17, v. 13, p. 19, v. 14, p. 17.

[2] V. as súmulas vinculantes do STF em matéria trabalhista na Parte VI deste volume.

De acordo com a ação, o Colégio Recursal reconheceu a ilegalidade da Lei Complementar n. 432/85, do Estado de São Paulo, que vincula ao salário mínimo o aumento do adicional de insalubridade pago aos servidores públicos paulistas. No entanto, afirma o procurador-geral do Estado, o próprio Colégio Recursal estabeleceu a base do adicional de insalubridade no salário mínimo. "O colegiado paulista, desafiando a autoridade da decisão desse Supremo Tribunal Federal, ordenou a permanência do critério adotado pela legislação original ao julgar integralmente procedente a pretensão inicial (do servidor público)", afirma.

Na reclamação, instrumento jurídico apropriado para garantir o respeito às decisões e à autoridade do Supremo, o Estado de São Paulo pede liminar para suspender os efeitos da decisão do Colégio Recursal até o julgamento final do caso na Corte Suprema.[3]

A decisão tem o seguinte teor:

Trata-se de reclamação, com pedido de medida liminar, ajuizada pelo Estado de São Paulo contra decisão proferida pela 2ª Turma da Fazenda Pública do Colégio Recursal de São Paulo, que, nos autos da Ação 0016209-02.2011.8.26.0053, determinou o reajuste do adicional de insalubridade, na forma determinada pela Lei Complementar Estadual n. 432/85, a partir de abril de 2010, pondo fim ao congelamento dessa parcela.

Eis o teor da decisão ora atacada:

Adicional de Insalubridade. Descongelamento. Reajuste devido em relação ao período compreendido entre abril e novembro de 2010. Recurso provido.

O reclamante alega descumprimento da Súmula Vinculante n. 4.

Informações prestadas por meio da Petição n. 8.289/2012.

---

[3] Disponível em: <http://www.stf.jus.br/portal/cms/verNoticiaDetalhe.asp?idConteudo=197791>. Acesso em: 7.2.2012.

O procurador-geral da República, no parecer apresentado por meio da Petição n. 34.233/2012, manifesta-se pela procedência do pedido.

É o relatório.

Decido.

A Súmula Vinculante n. 4 está assim redigida:

"SALVO NOS CASOS PREVISTOS NA CONSTITUI-ÇÃO, O SALÁRIO MÍNIMO NÃO PODE SER USADO COMO INDEXADOR DE BASE DE CÁLCULO DE VANTAGEM DE SERVIDOR PÚBLICO OU DE EMPREGADO, NEM SER SUBSTITUÍDO POR DECISÃO JUDICIAL."

A interpretação que vem sendo extraída do teor da Súmula Vinculante n. 4, do acórdão proferido no RE n. 565.714, rel. min. Cármen Lúcia, Pleno, DJe 8.8.2008, e da decisão monocrática na Rcl n. 6.266-MC, rel. min. Gilmar Mendes, DJe 4.11.2008, é que esta Corte considerou inconstitucional a fixação judicial da base de cálculo do adicional de insalubridade, seja sobre o salário mínimo, seja sobre o salário básico do trabalhador, e, ao mesmo tempo, reconheceu que, na ausência de lei, acordo ou convenção coletiva, o referido adicional deve continuar sendo calculado sobre o salário mínimo (ver, por exemplo, Rcl n. 11.059, rel. min. Gilmar Mendes, DJe 4.11.2011; Rcl n. 12.480, rel. min. Ricardo Lewandowski, DJe 20.10.2011; Rcl n. 12.546, rel. min. Dias Toffoli, DJe 5.12.2011).

Como bem ressaltou o procurador-geral da República, em seu parecer:

"Ocorre que a adoção dos reajustes do salário mínimo vulnera a Súmula Vinculante n. 4/STF, já que o verbete é claro quanto à proibição de permuta de índices ao talante do julgador, sob pena de permitir a sua atuação como legislador positivo. Isto porque perfilhar a tese do acolhimento do parâmetro de atualização é, por via indireta e à proporção da incidência da correção, alterar a base de cálculo do adicional, sem a devida intervenção legislativa". Registro, ainda, que

no julgamento da ADPF n. 151, Red. p/ acórdão Min. Gilmar Mendes, Tribunal Pleno, DJe 6.5.2011, ao apreciar a constitucionalidade do art. 16 da Lei n. 7.394/1985, esta Corte entendeu ser possível o congelamento da base de cálculo do adicional de insalubridade a partir do valor vigente do salário mínimo, como meio para desindexá-lo.

Eis o teor da ementa do referido julgado:

Arguição de Descumprimento de Preceito Fundamental. Direito do Trabalho. Art. 16 da Lei n. 7.394/1985. Piso salarial dos técnicos em radiologia. Adicional de insalubridade. Vinculação ao salário mínimo. Súmula Vinculante 4. Impossibilidade de fixação de piso salarial com base em múltiplos do salário mínimo. Precedentes: AI-AgR 357.477, Rel. Min. Sepúlveda Pertence, Primeira Turma, DJ 14.10.2005; o AI-AgR 524.020, de minha relatoria, Segunda Turma, DJe 15.10.2010; e o AI-AgR 277.835, Rel. Min. Cezar Peluso, Segunda Turma, DJe 26.2.2010. 2. Ilegitimidade da norma. Nova base de cálculo. Impossibilidade de fixação pelo Poder Judiciário. Precedente: RE n. 565.714, Rel. Min. Cármen Lúcia, Tribunal Pleno, DJe 7.11.2008. Necessidade de manutenção dos critérios estabelecidos. O art. 16 da Lei n. 7.394/1985 deve ser declarado ilegítimo, por não recepção, mas os critérios estabelecidos pela referida lei devem continuar sendo aplicados, até que sobrevenha norma que fixe nova base de cálculo, seja lei federal, editada pelo Congresso Nacional, sejam convenções ou acordos coletivos de trabalho, ou, ainda, lei estadual, editada conforme delegação prevista na Lei Complementar n. 103/2000. 3. ***Congelamento da base de cálculo em questão, para que seja calculada de acordo com o valor de dois salários mínimos vigentes na data do trânsito em julgado desta decisão, de modo a desindexar o salário mínimo. Solução que, a um só tempo, repele do ordenamento jurídico lei incompatível com a Constituição atual, não deixe um vácuo legislativo que acabaria por eliminar direitos dos trabalhadores, mas também não*** *esvazia o conteúdo da decisão proferida por este Supremo Tribunal Federal. 4. Medida cautelar deferida. (ADPF 151 MC, Relator(a): Min. JOAQUIM BARBOSA, Relator(a) p/ Acórdão: Min. GILMAR MENDES, Tribunal Pleno, julgado em 2.2.2011, DJe-084 PUBLIC 6.5.2011.) [grifei]*

Do exposto, julgo procedente o pedido, para cassar a decisão reclamada (art. 161, parágrafo único, RISTF). Fica prejudicado o pedido de medida liminar.

Publique-se.

Comunique-se.

Arquive-se.[4]

---

[4] RCL n. 13.189-SP, de 24.8.2012 (Estado de São Paulo vs. Colégio Recursal de São Paulo. Intdo.: Jorge Lopes). Min. Joaquim Barbosa. Disponível em: <http://www.stf.jus.br/portal/processo/verProcessoAndamento.asp?incidente=4189649>. Acesso em: 14.12.2012.

2. FGTS. CONTRATAÇÃO NULA. DIREITO DO TRABALHADOR

Mesmo tendo sido contratado irregularmente pela administração pública, o trabalhador tem direito aos valores dos depósitos do FGTS[5]. A decisão foi majoritária, ensejando bastante polêmica dentre os Ministros integrantes do STF, no julgamento do RE n. 596.478-RR[6], concluído a 26.8.2012, sendo o Min. Dias Toffolli o redator do acórdão.

O noticiário a respeito é o seguinte:

> *O Supremo Tribunal Federal (STF) reconheceu o direito aos depósitos do Fundo de Garantia do Tempo de Serviço (FGTS) aos trabalhadores que tiveram o contrato de trabalho com a administração pública declarado nulo em função de inobservância da regra constitucional que estabelece prévia aprovação em concurso público.*
>
> *A decisão foi tomada na continuação do julgamento do Recurso Extraordinário (RE) n. 596.478, interposto pelo Estado de Rondônia, com a participação de vários outros estados como amici curiae, contra uma decisão do Tribunal Superior do Trabalho (TST) que reconheceu o direito ao FGTS. Por maioria, o Plenário do Supremo desproveu o recurso, vencidos as ministras Ellen Gracie (aposentada), relatora do caso, e Cármen Lúcia Antunes Rocha, e os ministros Joaquim Barbosa, Luiz Fux e Marco Aurélio.*

---

[5] Sobre FGTS, v., nesta coletânea, v. 4, p. 17, e v. 7, p. 28.

[6] RE n. 596.478-RR, de 13.6.2012 (Estado de Roraima *vs.* Maria Ivineide Sousa Lima. Intdo.(a/s): Estados do Acre, Amapá, Amazonas, Bahia, Goiás, Espírito Santo, Maranhão, Mato Grosso, Mato Grosso do Sul, Minas Gerais, Pará, Paraíba, Paraná, Piauí, Rio de Janeiro, Rio Grande do Norte, Rio Grande do Sul, Rondônia, Santa Catarina, Sergipe, Tocantins, Distrito Federal). Red. p. acórdão: Min. Dias Toffoli. Disponível em: <http://www.stf.jus.br/portal/processo/verProcessoAndamento. asp?incidente=2658411>. Acesso em: 12.12.2012.

A ação questionava a constitucionalidade do art. 19-A da Lei n. 8.036/1990, com a redação dada pela Medida Provisória (MP) n. 2.164-41/2001, segundo a qual é devido o FGTS ao trabalhador cujo contrato seja declarado nulo em razão do art. 37, § 2º, da Constituição Federal, que estipula a necessidade de concurso público para o preenchimento de cargos no setor público.

O RE 596478, com repercussão geral declarada pelo STF em setembro de 2009, começou a ser julgado no plenário em 17 de novembro de 2010, quando votaram as ministras Ellen Gracie e Cármen Lúcia pelo provimento parcial do recurso, e os ministros Dias Toffoli, Gilmar Mendes e Ayres Britto, desprovendo o RE. Na ocasião, o julgamento foi suspenso por pedido de vista do ministro Joaquim Barbosa.

Voto-vista

Em seu voto-vista, o ministro Joaquim Barbosa ressaltou que no caso em questão a contratação foi manifestamente contrária à regra constitucional da prévia aprovação em concurso público, e era dever do estado, nesse caso, corrigir o desvio. Ao mesmo tempo, prosseguiu seu argumento, é impossível entrever a priori a boa-fé ou má-fé do trabalhador ao assumir um cargo público sem concurso público. O ministro Joaquim Barbosa sustentou ainda que a permissão para que os pagamentos sejam feitos indistintamente abriria caminho para a satisfação dos interesses "inconfessáveis" que muitas vezes motivariam a contratação irregular de servidores.

Após o voto do ministro Joaquim Barbosa, que se manifestou contra o direito dos trabalhadores não concursados ao FGTS, o ministro Luiz Fux pronunciou-se também nesse sentido. O ministro Marco Aurélio adotou a mesma posição, sustentando que o ato da contratação do servidor sem concurso é uma relação jurídica nula, que não pode gerar efeitos além do pagamento dos dias efetivamente trabalhados.

Divergência

O ministro Ricardo Lewandowski seguiu a divergência aberta pelo ministro Dias Toffoli no início do julgamento, favorável ao direito dos funcionários ao FGTS. Segundo o ministro, o artigo questionado é uma norma de transição, e caso alguém tenha agido *com dolo ou culpa na contratação do servidor, ele responderá regressivamente nos próprios termos do art. 37 da Constituição Federal. A posição pelo desprovimento do recurso também foi a adotada no voto proferido pelo ministro Cezar Peluso.*

O ministro Celso de Mello, ao adotar a posição pelo desprovimento do RE, destacou que o STF não transige na exigência do concurso público para o preenchimento de cargos públicos, chamou a atenção para a natureza transitória da norma, e para a impossibilidade de haver efeitos retroativos na decretação de nulidade do contrato de trabalho. O contrato nulo, diz, produz efeitos até a data em que é declarada a nulidade. "Daí a sensibilidade do legislador ao formular a regra de direito transitório, para precisamente reger essas situações ocorrentes em ordem a não prejudicar os hipossuficientes", concluiu Celso de Mello.[7]

---

[7] Disponível em: <http://www.stf.jus.br/portal/cms/verNoticiaDetalhe.asp?idConteudo=209782>. Acesso em: 26.8.2012.

3. GESTANTE

3.1. Contrato por prazo determinado[8]. Direito à licença-maternidade[9] e estabilidade provisória[10]

Eis tema de alta relevância que ganhou repercussão geral no STF. Trata-se do direito à garantia de emprego de gestante contratada por prazo determinado. O entendimento está, inclusive, sedimentado no TST, pelo item III da Súmula n. 244.

O STF decidiu assim, apreciando o ARE n. 674.103-SC, a 4.5.2012, cuja relatoria é do Min. Luiz Fux[11]. O noticiário acerca do tema está a seguir:

> Por meio do <u>Plenário Virtual</u>, os ministros do Supremo Tribunal Federal (STF) reconheceram a repercussão geral do tema tratado no Recurso Extraordinário com Agravo (ARE) 674103, no qual o Estado de Santa Catarina questiona decisão do Tribunal de Justiça local (TJ-SC), que garantiu a uma professora contratada pelo estado por prazo determinado o direito à licença-maternidade e à estabilidade provisória desde a confirmação da gravidez até cinco meses após o parto.
>
> Relator do processo, o ministro Luiz Fux considerou que o tema tem relevância constitucional já que "a coexistência do vínculo a título precário com o direito à licença-maternidade e a garantia de emprego decorrente da estabilidade provisória, pode dar ensejo

---

[8] V., sobre este tema, nesta coletânea, v. 8, p. 20.
[9] Sobre licença-maternidade, v., nesta coletânea, v. 2, p. 50, e v. 15, p. 19.
[10] Sobre estabilidade de gestante, v., nesta coletânea, v. 15, p. 17.
[11] ARE n. 674.103-SC, de 4.5.2012 (Estado de Santa Catarina vs. Rosimere da Silva Martins). Rel.: Min. Luiz Fux. Disponível em: <http://www.stf.jus.br/portal/processo/verProcessoAndamento.asp?incidente=4205429>. Acesso em: 12.12.2012.

a consequências para as mulheres no mercado de trabalho, bem como trazer implicações legais aos contratantes, o que concerne ao princípio da autonomia da vontade".

No recurso ao STF, a Procuradoria do Estado de Santa Catarina alegou que a contratação da professora foi feita para viger por tempo certo e determinado, por isso o alongamento desse prazo a pretexto da estabilidade provisória concedida à gestante "é descaracterizar este espécie de admissão, transmudando-a para prazo indeterminado, inviabilizando, em consequência, até mesmo os fins para os quais o Estado foi autorizado a admiti-la".

O ministro Fux salientou que as duas Turmas dos STF registram decisões sobre a questão em debate, nas quais foi assegurado o direito à gestante independentemente do regime jurídico de trabalho, à licença-maternidade de 120 dias e à estabilidade provisória desde a confirmação da gravidez até cinco meses depois do parto, nos termos do art. 7º, inciso XVIII, da Constituição Federal e do art. 10, inciso II, alínea b, do Ato das Disposições Constitucionais Transitórias (ADCT).

O ministro destacou que a questão tratada nesse recurso ultrapassa os interesses das partes, mostrando-se "relevante do ponto de vista econômico, político, social e jurídico". Dessa forma, ele se manifestou pela existência de repercussão geral da matéria e sua posição foi confirmada pelo Plenário Virtual da Corte.[12]

3.2. Desconhecimento pelo empregador[13]. Indenização

Foi dada repercussão geral a tema recorrente em matéria de proteção à mulher trabalhadora, quando estiver gestante. A indenização prevista no art. 10, II, da Constituição, é devida independentemente de conhecimento patronal. Esse reconhecimento, no RE n. 629.053-SP, ocorreu a 11.11.2011 e foi divulgado no DJ de 1º.2.2012. A ementa do aresto, daquela data, da lavra do Min. Marco Aurélio, é a seguinte:

---
[12] Disponível em: <http://www.stf.jus.br/portal/cms/verNoticiaDetalhe.asp?idConteudo=207202>. Acesso em: 12.5.2012.
[13] V., a respeito, nesta coletânea, v. 4, p. 28, v. 6, p. 26, v. 8, p. 19, e v. 15, p. 19.

VÍNCULO EMPREGATÍCIO — RESOLUÇÃO — GRAVIDEZ — AUSÊNCIA DE CONHECIMENTO DO TOMADOR DOS SERVIÇOS — ARTIGO 10, INCISO II, ALÍNEA B, DO ATO DAS DISPOSIÇÕES CONSTITUCIONAIS TRANSITÓRIAS DA CARTA DE 1988 — INDENIZAÇÃO DEFERIDA NA ORIGEM — REPERCUSSÃO GERAL CONFIGURADA. Possui repercussão geral a controvérsia acerca da necessidade de o tomador dos serviços ter conhecimento da gravidez, no caso de rompimento do vínculo empregatício por iniciativa dele próprio, para o pagamento da indenização prevista no art. 10, inciso II, alínea b, do Ato das Disposições Transitórias da Constituição Federal. Decisão Publicada: 1[14].

---

[14] RE n. 629.053-SP, de 11.11.11 (RESIN — República Serviços e Investimentos S/A vs. *Elaine Cristina Caetano da Silva*). Rel.: Min. Marco Aurélio. Disponível em: <http://www.stf.jus.br/portal/processo/verProcessoAndamento.asp?incidente=3940408>. Acesso em: 14.12.2012.

4. MÉDICO. DEMISSÃO. FALTAS INJUSTIFICADAS. ABANDONO DE EMPREGO

A 1ª Turma do STF, julgando, a 4.12.2012, o RMS n. 28.546-DF[15], relatado pelo Min. Marco Aurélio, entendeu que é justa a dispensa de médico que falta em seu trabalho por noventa dias sem justificativa.

Veja-se o noticiário abaixo:

> Por decisão unânime, a Primeira Turma do Supremo Tribunal Federal (STF) negou provimento ao Recurso Ordinário em Mandado de Segurança (RMS) 28546, interposto pelo médico W.V. que questionava penalidade de demissão aplicada contra ele por falta funcional de inassiduidade habitual, com base nos artigos 132, inciso III e 139, da Lei n. 8.112/90. Servidor público desde 1980, ele era médico do Ministério da Saúde e teria faltado ao trabalho por 90 dias no período de um ano.
>
> **Tese da defesa**
>
> Por meio do recurso apresentado ao Supremo, a defesa pretendia modificar acórdão do Superior Tribunal de Justiça (STJ) que negou a segurança. Os advogados do médico alegavam irregularidades no processo administrativo disciplinar (PAD), entre elas ausência de interrogatório, superação do prazo do PAD (que durou 528 dias), além de sustentar que houve desproporcionalidade da penalidade aplicada e ausência de intenção de seu cliente de abandonar o cargo.
>
> Conforme os autos, em razão de inassiduidade habitual, previsto no art. 132, inciso II, da Lei n. 8.112/90, foi aplicada pena

---

[15] RMS n. 28.546-DF, de 4.12.2012 (Wagner Victorio vs. União). Rel.: Min. Marco Aurélio.

de demissão contra o médico. A defesa sustentava que para haver demissão, deveriam ser observados dois requisitos: a falta do servidor e a intenção de abandonar o cargo.

Contudo, os advogados argumentavam que não ficou demonstrada a intenção de seu cliente em abandonar o cargo e afirmavam que, sem a concomitância desses dois requisitos, não pode ser considerado ilícito a falta de comparecimento ao serviço público. Além disso, a defesa ressaltou que a pena foi desproporcional e que a Administração Pública poderia ter aplicado ao caso o desconto dos dias em que o servidor não compareceu ao trabalho.

Voto do relator

O relator da matéria, ministro Marco Aurélio, desproveu o recurso, salientando que a defesa não tem razão quanto à alegação de nulidade do ato do STJ. Segundo o ministro, naquela corte as alegações da defesa não foram suficientes para a concessão da segurança. Os ministros entenderam que a conduta do médico indicou a intenção dele em se ausentar do serviço, uma vez que as faltas não foram justificadas.

O ministro Marco Aurélio citou a conclusão do STJ no sentido de que, ao contrário do sustentado pelo servidor, não é necessária a comprovação da intenção do servidor em abandonar o cargo, "bastando que as faltas não sejam devidamente justificadas para ficar caracterizada a sua desídia". Ainda, ao citar o acórdão do STJ, o relator afirmou que "a penalidade foi imposta a partir de elementos convincentes da postura censurável do impetrante em relação as suas responsabilidades funcionais aferidos em procedimento realizado em harmonia com os princípios embasadores da atividade sancionadora da administração, sobremaneira o da proporcionalidade e o da razoabilidade, uma vez que a conduta apurada é grave e possui a demissão como sanção disciplinar".

Em seu voto, o ministro Marco Aurélio ressaltou que a falta de defesa técnica por advogado no processo administrativo disciplinar, não ofende a Constituição Federal. Conforme ele, houve a indicação de procurador dativo, que era servidor público estável e médico como o recorrente. Assim, foi atendida regra da Lei

n. 8.112 (art. 164, parágrafo segundo), segundo a qual para defender o indiciado revel, a autoridade instauradora do processo designará um servidor como defensor dativo que deverá ser ocupante de cargo efetivo superior ou de mesmo nível ou ter nível de escolaridade igual ou superior do indiciado.

O relator também salientou que o julgamento do PAD fora do prazo legal não implica nulidade. "No caso concreto, o período foi regularmente observado", disse. O ministro também avaliou que as ausências do recorrente durante a oitiva das testemunhas e a falta do respectivo depoimento decorreram da revelia. "Ele foi regularmente citado, tendo recebido no ato o termo de instrução e indicação, bem como o cronograma dos interrogatórios", afirmou, completando que o médico não tomou providências para apresentar defesa.

Nesse contexto, o ministro entendeu que não há necessidade de comprovar o dolo de abandono como sustentado nas razões do recurso. "O impetrante faltou ao trabalho injustificadamente por 90 dias no período de 12 meses, o que significa um quarto do ano." A estabilidade conferida ao servidor público tem a precípua finalidade de garantir-lhe independência e autonomia, criando condições para o melhor desempenho da função pública, livre de pressões políticas e ideológicas. Para o ministro, descabe cogitá-la como escudo para a desídia.

De acordo com o ministro, o médico era lotado no Centro Municipal de Saúde de Cachoeiro do Itapemerim, no estado do Espírito Santo, e sua ausência do trabalho, conforme relatos contidos no processo, causou grave prejuízo à saúde das crianças assistidas pelo ministério, "bem como revolta das mães que compareciam ali para tratamento de seus filhos".

Trabalho em outra cidade

Com base em informações da comissão disciplinar, o relator destacou que o servidor se beneficiava com tal situação, pois, comprovadamente, trabalhava em outro município — Teixeira de Freitas, no Estado da Bahia —, distante 520 quilômetros e onde foi citado, "revelando o real motivo de sua inassiduidade obtendo acréscimo dos seus rendimentos de forma ilegítima". Lá, ele trabalhava como *plantonista no Pronto Socorro do Hospital Municipal de Teixeira de Freitas, sendo responsável pelo banco de sangue, além de ser médico ativo no programa de saúde da família. Constatou-se, ainda, que em Teixeira de Freitas o servidor tem uma clínica particular.*

Dessa forma, o ministro Marco Aurélio negou provimento ao recurso e foi seguido por unanimidade dos votos[16].

---

[16] Disponível em: <http://www.stf.jus.br/portal/cms/verNoticiaDetalhe.asp?idConteudo=225624>. Acesso em: 10.12.2012.

5. PROFISSIONAL LIBERAL. COOPERATIVA

A ADI n. 4.849-DF[17], ajuizada pela Confederação Nacional das Profissões Liberais (CNPL), relatada pela Min. Rosa Weber, objetiva a declaração de inconstitucionalidade do inciso III do parágrafo único do art. 1º da Lei n. 12.690, de 19.7.2012, que trata das cooperativas de trabalho[18], e que dispõe:

> *Parágrafo único. Estão excluídas do âmbito desta Lei:*
>
> ....
>
> *III — as cooperativas de profissionais liberais cujos sócios exerçam as atividades em seus próprios estabelecimentos;*

Entende que há clara violação ao livre exercício de qualquer trabalho, ofício ou profissão, consagrado no art. 5º, inciso XII, da Constituição.

O noticiário a respeito assinala:

> *Chegou ao Supremo Tribunal Federal (STF) uma Ação Direta de Inconstitucionalidade (ADI 4849) ajuizada pela Confederação Nacional das Profissões Liberais (CNPL) contra trecho da Lei n. 12.690/2012. A norma, que trata da organização e do funcionamento das cooperativas de trabalho, criou o Programa Nacional de Fomento às Cooperativas de Trabalho (Pronacoop). O dispositivo questionado pela confederação (inciso III do parágrafo único do art. 1º) excluiu da abrangência da norma as cooperativas de profissionais liberais cujos sócios exerçam as atividades em seus próprios estabelecimentos.*

---

[17] ADI n. 4.849-DF, de 11.9.2012 (Confederação Nacional das Profissões Liberais — CNPL. Intdos.: Presidente da República e Congresso Nacional). Rel.: Min. Rosa Weber.
[18] Sobre cooperativas de trabalho, v. nesta coletânea, v. 11, p. 29 e v. 13, p. 67.

De acordo com a CNPL, nada justifica essa restrição, pois a regra é a liberdade econômica e profissional, prevista inclusive no art. 5º, inciso XIII, da Constituição federal, que determina que "é livre o exercício de qualquer trabalho, ofício ou profissão, atendidas as qualificações profissionais que a lei estabelecer". Para a entidade sindical, "não pode uma lei restringir a atividade profissional pela simples localização física do local da prestação de serviços". Afirma ainda que o legislador adotou uma circunstância geográfica e física como se fosse determinante do regime jurídico pelo qual se prestará o serviço.

"Obrigar o profissional liberal a deslocar-se no espaço para exercitar uma atividade que a lei veio a contemplar atenta contra o princípio da liberdade, expressamente consagrado na Constituição, e da razoabilidade", sustenta a autora.

A confederação pondera que o legislador pode ter colocado essa restrição com o intuito de evitar a ocorrência de entrelaçamentos entre o serviço como tradicionalmente concebido e o prestado por meio de cooperativa, tornando este uma forma de captação ilícita de clientela. "Ora, para tanto, não é o local da prestação de serviços que enseja eventual desvio ético", sustenta a entidade sindical ao destacar que quando atender o cliente em seu próprio estabelecimento, o profissional correto e ético deverá deixar nítido qual o regime jurídico da respectiva prestação de serviço, cabendo aos conselhos de fiscalização emitir normativos expressos a esse respeito.

"A proibição dificulta a execução do próprio trabalho a que se dispõe realizar a cooperativa de profissionais liberais, obrigando-a a ter um estabelecimento próprio, que deverá ser de grandes proporções, caso o número de associados seja significativo", destaca a CNPL.

Pede, portanto, que a regra seja suspensa até o julgamento de mérito. Na análise final, a entidade pede a inconstitucionalidade do inciso III do parágrafo único do art. 1º da Lei n. 12.690/2012.

Rito abreviado

A ministra Rosa Weber, relatora da ação, determinou a adoção do rito abreviado previsto no art. 12 da Lei n. 9.868/1999

(Lei das ADIs). A ministra submeterá a ADI à análise de mérito, sem prévia análise do pedido de liminar "em face da relevância da matéria e de seu especial significado para a ordem social e a segurança jurídica", destacou.

Ela requisitou informações à Presidência da República e ao Congresso Nacional, a serem prestadas no prazo de dez dias. Em seguida, determinou que se dê vista dos autos ao advogado-geral da União e ao procurador-geral da República, sucessivamente, no prazo de cinco dias.[19]

O despacho da relatora, Min. Rosa Weber, de 11.9.2012, é o seguinte:

Trata-se de ação direta de inconstitucionalidade, com pedido de medida cautelar, proposta pela Confederação Nacional das Profissões Liberais — CNPL contra o art. 1º, parágrafo único, III, da **Lei Federal n. 12.690, de 19 de julho de 2012** *— que dispõe sobre a organização e o funcionamento das Cooperativas de Trabalho —, o qual estabelece:*

Art. 1º A Cooperativa de Trabalho é regulada por esta Lei e, no que com ela não colidir, pelas Leis ns. 5.764, de 16 de dezembro de 1971, e 10.406, de 10 de janeiro de 2002 — Código Civil.

Parágrafo único. Estão excluídas do âmbito desta Lei:

I — as cooperativas de assistência à saúde na forma da legislação de saúde suplementar;

II — as cooperativas que atuam no setor de transporte regulamentado pelo poder público e que detenham, por si ou por seus sócios, a qualquer título, os meios de trabalho;

III — as cooperativas de profissionais liberais cujos sócios exerçam as atividades em seus próprios estabelecimentos; *e*

IV — as cooperativas de médicos cujos honorários sejam pagos por procedimento (grifei).

---

[19] Disponível em: <http://www.stf.jus.br/portal/cms/verNoticiaDetalhe.asp?idConteudo=218358>. Acesso em: 28.10.2012.

A autora defende a inconstitucionalidade do dispositivo impugnado, alegando que cria restrição injustificada à liberdade econômica e profissional. Assevera que as qualificações das profissões liberais já estão todas regulamentadas, sustentando que "não pode uma lei restringir a atividade profissional pela simples localização física do local da prestação de serviços". Argumenta que "em consequência, o profissional liberal somente poderá prestar seus serviços, por meio de cooperativas, fora de seus estabelecimentos". Anota que "o legislador adotou uma circunstância geográfica e física como se fosse determinante do regime jurídico pelo qual se prestará o serviço". Entende que "a finalidade do legislador foi a de evitar a ocorrência de entrelaçamentos entre o serviço como tradicionalmente concebido e o prestado por meio de cooperativa, tornando este último uma forma de captação ilícita de clientela". Destaca que "não é o local da prestação de serviços que enseja eventual desvio ético", mas a vontade mal conduzida do profissional, a qual independe da concentração física do atendimento aos clientes. Sublinha que "a proibição dificulta a execução do próprio trabalho a que se dispõe a realizar a cooperativa de profissionais liberais, obrigando-se ter um estabelecimento próprio, que deverá ser de grandes proporções, se o número de associados for significativo, por força do impedimento de os estabelecimentos de cada cooperado formar e agregar-se como uma partícula do estabelecimento geral do órgão cooperativo, como se fossem filiais da cooperativa. Aduz que o fumus boni juris *se mostra no impedimento do profissional "cooperado de exercer com liberdade seu trabalho, ofício ou profissão, por mera restrição física do local de prestação de serviços", em afronta à liberdade profissional. Já o* periculum in mora *resultaria do decorrer do tempo, considerado o impedimento do exercício da profissão — base alimentar do sustento dos profissionais liberais. Aponta violação do art. 5º, XIII, da Carta Política. Atribui à causa o valor de R$ 10.000,00 (dez mil reais).*

Em face da relevância da matéria e de seu especial significado para a ordem social e a segurança jurídica, submeto a tramitação da presente ADI ao que disposto no art. 12 da Lei n. 9.868/1999.

*Requisitem-se, pois, informações à **Presidência da República** e ao **Congresso Nacional**, a serem prestadas no prazo de **dez dias**.*

*Após, dê-se vista ao Advogado-Geral da União e ao Procurador-Geral da República, sucessivamente, pelo prazo de **cinco dias**.*

À Secretaria Judiciária.

Publique-se.[20]

---

[20] Disponível em: <http://www.stf.jus.br/portal/processo/verProcessoAndamento.asp?incidente=4297918>. Acesso em: 20.12.2012.

6. RESPONSABILIDADE SUBSIDIÁRIA[21]

6.1. Autarquia

Ao julgar a RCL n. 11.954-RJ[22], a 30.11.2012, o relator, Min. Dias Toffoli, isentou de responsabilidade o Banco Central do Brasil, considerando que a subsidiariedade somente ocorreria se houvesse violação do contrato por parte da autarquia, consoante entendimento firmado pelo STF no julgamento da ADC 16-DF, em 2010.

O noticiário a respeito consigna:

> *O ministro do Supremo Tribunal Federal (STF) Dias Toffoli julgou procedente a Reclamação (Rcl 11954) ajuizada pelo Banco Central do Brasil contra decisão da 7ª Turma do Tribunal Regional do Trabalho da 1ª Região (TRT-RJ) que condenou a autarquia a pagar verbas trabalhistas devidas por empresa terceirizada prestadora de serviços de vigilância e segurança. O ministro determinou que outra decisão seja proferida pelo TRT, "como [o tribunal] entender de direito".*
>
> *Segundo Dias Toffoli, o TRT confirmou a responsabilidade subsidiária do BC sem expor a "conduta culposa" da autarquia na condução do contrato com a empresa terceirizada. A decisão da corte regional foi tomada com fundamento no item IV da Súmula n. 331 do Tribunal Superior do Trabalho (TST), o qual estabelece que o "inadimplemento das obrigações trabalhistas, por parte do empregador, implica a responsabilidade subsidiária do tomador dos serviços".*

---
[21] V., sobre este tema, nesta coletânea, v. 7, p. 89, v. 14, p. 41, e v. 15, p. 47.
[22] RCL n. 11.954-RJ, de 30.11.2012 (Banco Central do Brasil *vs.* Tribunal Regional do Trabalho da 1ª Região. Intdo.(a/s): Luiz Cláudio Elias Palmeira e Fenixx Vigilância e Segurança Profissional Ltda.) Rel.: Min. Dias Toffoli.

A autarquia alega que na decisão o TRT-RJ teria declarado a inconstitucionalidade incidental do art. 71, § 1º, da Lei n. 8.666/93, a Lei das Licitações e Contratos Públicos, que define que "a inadimplência do contrato, com referência aos encargos trabalhistas, fiscais e comerciais não transfere à Administração Pública a responsabilidade de seu pagamento". Sustenta também que o acórdão impugnado teria desrespeitado a decisão do STF na Ação Declaratória de Constitucionalidade (ADC) 16.

Conforme explica o ministro Dias Toffoli, o dispositivo da Lei de Licitações foi declarado constitucional pelo Plenário da Suprema Corte em novembro de 2010, no julgamento da ADC 16, que teve como relator o ministro aposentado do STF Cezar Peluso.

O ministro observou que mesmo diante da confirmação da constitucionalidade do dispositivo da Lei n. 8.666/93, "não foi afastada a possibilidade de o poder público ser condenado a indenizar prejuízo gerado a empregado de empresa contratada após processo licitatório". Entretanto, segundo ele, essa hipótese, conforme consignado no julgamento da ADC n. 16, "deve estar apoiada na comprovação do descumprimento, pelo poder público, das obrigações do contrato, no caso concreto".

O ministro acrescentou que, em diversos precedentes, o STF fixou "a necessidade de o juízo, quando da análise de demanda proposta por empregado de empresa contratada pelo poder público após licitação, enfrente a questão relativa à presença do elemento subjetivo do ato ilícito que seja imputável ao poder público, a fim de evidenciar a responsabilidade civil subjetiva da Administração Pública no caso concreto a dar ensejo à condenação no pagamento das verbas inadimplidas pelo empregador".[23]

A decisão do Min. Dias Toffoli tem o seguinte teor:

Vistos.

Cuida-se de reclamação constitucional, com pedido liminar, ajuizada pelo BANCO CENTRAL DO BRASIL, contra acórdão

---

[23] Disponível em: <http://www.stf.jus.br/portal/cms/verNoticiaDetalhe.asp?idConteudo=225964>. Acesso em: 10.12.2012.

*prolatado no **Recurso Ordinário** n. **00642-2008-031-01-00-7** pela 7ª Turma do Tribunal Regional do Trabalho da 1ª Região, e contra decisão monocrática que negou seguimento a recurso de revista do recorrente, para manter a condenação subsidiária da autarquia ao pagamento de verbas trabalhistas devidas por empresa terceirizada prestadora de serviços de vigilância e segurança, com fundamento no item IV da Súmula n. 331 do TST.*

Alega a reclamante afronta ao comando da Súmula Vinculante n. 10, pois a decisão reclamada teria declarado a inconstitucionalidade incidental do art. 71, § 1º, da Lei n. 8.666/1993, sem obediência ao princípio da reserva de plenário, bem como à autoridade da decisão proferida na ADC n. 16, que declarou a constitucionalidade do dispositivo mencionado. Requer a concessão de medida liminar inaudita altera pars *para suspender a decisão proferida nos autos do **Recurso Ordinário** n. **00642-2008-031-01-00-7** e, no mérito, sua cassação definitiva.*

*A liminar foi deferida pelo então Ministro Presidente **Cezar Peluso**, para suspender a decisão proferida nos autos do **AIRR** n. **0064200-90.2008.5.01.0031**, ante a possibilidade de trânsito em julgado da decisão reclamada.*

Foram prestadas as informações.

Dispensada a oitiva da Procuradoria-Geral da República ante o caráter iterativo da controvérsia.

É o relatório.

*O Plenário desta Corte, em 24.11.2010, no julgamento da ADC n. 16/DF, Relator o Ministro **Cezar Peluso**, declarou a constitucionalidade do § 1º do art. 71 da Lei n. 8.666/93, tendo observado que eventual responsabilização do poder público no pagamento de encargos trabalhistas não decorre de responsabilidade objetiva; antes, deve vir fundamentada no descumprimento de obrigações decorrentes do contrato pela administração pública, devidamente comprovada no caso concreto.*

*Torna-se necessário explicitar a **ratio decidendi** da decisão reclamada, qual seja: inadimplemento das verbas trabalhistas pela empresa contratada após regular processo licitatório, a evidenciar falta de fiscalização pelo Poder Público ou sua ineficiência, o que* *justificaria a imputação de **culpa** ao contratante, incidindo, na espécie, o art. 37, § 6º, da Constituição Federal, o art. 186 do Código Civil e a Súmula TST n. 331.*

Quando do julgamento da ADC n. 16/DF, ponderou-se acerca de inúmeras causas trabalhistas em que o Poder Público era responsabilizado, deixando-se de aplicar o art. 71, § 1º, da Lei n. 8.666/93, mas que não eram conhecidas no STF sob o fundamento de se tratar de matéria infraconstitucional, por versar sobre aplicação de súmula de jurisprudência de outro tribunal.

*Assim, restou superado o óbice inicialmente levantado pelo Relator, Ministro **Cezar Peluso**, acerca do requisito da "existência de controvérsia judicial relevante sobre a aplicação da disposição objeto da ação declaratória" (art. 14, inciso III, da Lei n. 9.868/99), julgando-se procedente a ação para afirmar a constitucionalidade do dispositivo.*

Ressalto que não foi afastada a possibilidade de o poder público ser condenado a indenizar prejuízo gerado a empregado de empresa contratada após processo licitatório; mas essa hipótese, conforme consignado no julgamento da ADC n. 16/DF, deve estar apoiada na comprovação do descumprimento, pelo Poder Público, das obrigações do contrato, no caso concreto.

*Na mesma assentada, julgando agravos regimentais nas Reclamações ns. 7.517/DF e 8.150/SP, em que se alegava desrespeito à Súmula Vinculante n. 10, com objeto idêntico ao da presente — responsabilização subsidiária do poder público no pagamento de encargos trabalhistas inadimplidos por empresa contratada por licitação, com fundamento no enunciado de Súmula n. 331 do e. TST —, decidiu-se por dar provimento aos recursos e julgar procedente as ações para cassar as decisões reclamadas, **devendo a Justiça do Trabalho proceder a novo julgamento, agora tendo em vista a decisão desta Suprema Corte proferida na ADC n. 16/DF**.*

Destarte, fixou-se a necessidade de o juízo, quando na análise de demanda proposta por empregado de empresa contratada pelo Poder Público após licitação, enfrente a questão relativa à presença do elemento subjetivo do ato ilícito que seja imputável ao Poder Público, a fim de evidenciar a responsabilidade civil subjetiva da administração pública no caso concreto a dar ensejo à condenação no pagamento das verbas inadimplidas pelo empregador.

No tocante à responsabilidade subjetiva, discorrendo sobre o elemento culpa, ensina **Humberto Theodoro Júnior:** *"A conduta voluntária é ponto de partida para configuração do ato ilícito stricto sensu, mas não é suficiente. Além do nexo causal entre ela e o resultado danoso é indispensável que o agente tenha se conduzido com culpa no evento. Não é necessário, porém, que o agente tenha querido lesar. A voluntariedade refere-se ao atributo genérico da ação de que resultou o prejuízo da vítima. A conduta, para chegar à responsabilidade civil, deve ter sido controlada pela vontade, ainda que o resultado final não tenha entrado na linha de intenção do agente. Bastará, para tê-la como voluntária, que os atos de exteriorização do comportamento, (ação ou omissão) tenha sido originados de uma vontade livre e consciente. A noção de culpa se dá no momento em que, querendo ou não o dano, o agente voluntariamente adota um comportamento contrário aos padrões exigidos pelo Direito e, em consequência disso, provoca um dano injusto a alguém"* (TEODORO JÚNIOR, Humberto. Responsabilidade Civil: Noções Gerais. Responsabilidade Objetiva e Subjetiva. In: RODRIGUES JUNIOR, Otavio Luiz et al *(coord.).* **Responsabilidade Civil Contemporânea**. São Paulo: Editora Atlas S.A, 2011. p. 23 e 24).

A decisão reclamada confirma o posicionamento da decisão de primeira instância, e transfere a responsabilidade para a Administração de forma automática, em razão da mera inadimplência contratual. Ao assim proceder, ofendeu o que decidido no julgamento da ADC n. 16.

Transcrevo o fundamento utilizado pela 7ª Turma do Tribunal Regional do Trabalho da 1ª Região para confirmar a responsabilidade subsidiária da reclamante:

"(...)

In casu, o inadimplemento de direitos trabalhistas demonstra, de modo insofismável, que a recorrente não cumpriu com sua obrigação fiscalizadora, razão pela qual não se beneficia do monopólio, previsto pelo art. 71 da Lei

n. 8.666/93, ao contratado, pois que mencionado dispositivo guarda íntima relação com a fiel observância ao art. 67 da mesma lei.

(...)

Destarte, é de se reconhecer a responsabilidade do tomador de serviços ainda que, em princípio, não responda pelos créditos trabalhistas dos empregados de empresa prestadora de serviços, porquanto presente culpa in eligendo. A terceirização permitida se revela uma tentativa global de redução dos índices de desemprego. Entretanto, isto não se traduz em afastamento do trabalhador dos seus direitos assegurados pela ordem jurídica. Nesse sentido, a jurisprudência consolida entendimentos como o da Súmula n. 331 do Colendo TST.

(...)

Observo, por fim, que a condenação subsidiária abrange todas as verbas decorrentes do contrato, por decorrerem de sua culpa in vigilando na contratação da empresa prestadora de serviços."

Como se vê, não se expõe a conduta culposa ("contrária aos padrões exigidos pelo Direito") imputável ao ente público, na condução do contrato, que teria contribuído para o resultado danoso ao empregado da empresa a que foi adjudicado o objeto da licitação, decorrendo a responsabilidade subsidiária do Estado, ora reclamante, como consequência do inadimplemento das obrigações pela empresa contratada.

No julgamento da Reclamação n. 9.894/RO-AgR, foi autorizado aos Ministros que decidam monocraticamente e de forma definitiva causas que versem sobre matéria idêntica.

Ante o exposto, julgo procedente a reclamação para cassar a decisão reclamada, na parte em que confirma a responsabilidade subsidiária do Banco Central do Brasil. Na linha dos precedentes desta Corte (Reclamações ns. 7.517/DF-AgR e 8.150/SP-AgR) determino que outra decisão seja proferida como entender de direito.

Publique-se. Int.[24]

---

[24] Disponível em: <http://www.stf.jus.br/portal/processo/verProcessoAndamento.asp?incidente=4105655>. Acesso em: 10.12.2012.

6.2. Estado

Na mesma linha do precedente anterior, o Min. Dias Toffoli, relatando a RCL n. 13.403-MG[25], decidiu, a 8.8.2012, pelo cabimento de liminar porquanto demonstrado que o Estado de Minas Gerais não havia agido culposamente, nos termos do que o Excelso Pretório decidira, anteriormente, na ADC-16-DF.

A decisão ministerial é a seguinte:

> *Vistos.*
>
> *Cuida-se de reclamação constitucional eletrônica, com pedido de liminar, ajuizada pelo ESTADO DE MINAS GERAIS em face do TRIBUNAL REGIONAL DO TRABALHO DA 3ª REGIÃO, cuja decisão, nos autos da Reclamação Trabalhista n. 00905-2011--019-03-00-9, teria afrontado a autoridade do Supremo Tribunal Federal e a eficácia da decisão proferida na ADC n. 16/DF, bem assim negado aplicação à Súmula Vinculante n. 10.*
>
> *Na peça vestibular, o reclamante sustenta que:*
>
> *a) José Carlos Nepomuceno ajuizou ação trabalhista em face de Iniciativa Empreendimentos e Serviços Ltda. e do ora reclamante, em que se busca o pagamento de verbas trabalhistas inadimplidas;*
>
> *b) "[a] r. juíza do trabalho de primeira instância entendeu por bem deferir a pretensão do autor, **condenando o Estado de Minas Gerais subsidiariamente** ao pagamento dos créditos trabalhistas pleiteado. Assim o fez com base na Súmula n. 331 do TST.";*
>
> *c) a despeito da declaração de constitucionalidade do § 1º do art. 71 da Lei n. 8.666/93 pelo STF, no julgamento da ADC n. 16/DF, "o Regional não observou o mencionado decisium ao julgar a reclamação trabalhista impugnada, pois apenas deduziu/ inferiu a existência de culpa in eligendo e in vigilando por parte do ente estatal ao singelo fundamento desta não ter comprovado a fiscalização do cumprimento dos direitos trabalhistas por parte do contratado (...)".*

---

[25] RCL n. 13.403-MG, 8.8.2012 (Estado de Minas Gerais *vs.* Tribunal Regional do Trabalho da 3ª Região. Intdo.(a/s): José Carlos Nepomuceno e Iniciativa Empreendimentos e Serviços Ltda.). Rel.: Min. Dias Toffoli.

Requer a concessão de medida liminar para determinar "a suspensão imediata da decisão proferida pela Segunda Turma do Tribunal Regional do Trabalho da Terceira Região, nos autos da Reclamação Trabalhista n. 00905-2011-019-03-00-9".

No mérito, requer seja julgada procedente a presente reclamação, declarando-se a nulidade da decisão reclamada, na parte em que condena o poder público, subsidiariamente, ao pagamento de verbas trabalhistas inadimplidas por empresa contratada após regular processo licitatório.

É o relatório.

O reclamante sustenta a contrariedade à eficácia da Súmula Vinculante n. 10, assim redigida:

"Viola a cláusula de reserva de plenário (CF, art. 97) a decisão de órgão fracionário de tribunal que, embora não declare expressamente a inconstitucionalidade de lei ou ato normativo do poder público, afasta sua incidência, no todo ou em parte."

Aponta também como paradigma de confronto na presente reclamação a decisão proferida no julgamento da ADC n. 16/DF, cuja ementada restou assim redigida:

"RESPONSABILIDADE CONTRATUAL. Subsidiária. Contrato com a administração pública. Inadimplência negocial do outro contraente. Transferência consequente e automática dos seus encargos trabalhistas, fiscais e comerciais, resultantes da execução do contrato, à administração. Impossibilidade jurídica. Consequência proibida pelo art. 71, § 1º, da Lei Federal n. 8.666/93. Constitucionalidade reconhecida dessa norma. Ação direta de constitucionalidade julgada, nesse sentido, procedente. *Voto vencido. É constitucional a norma inscrita no art. 71, § 1º, da Lei Federal n. 8.666, de 26 de junho de 1993, com a redação dada pela Lei n. 9.032, de 1995" (ADC n. 16/DF, Relator o Ministro* **Cezar Peluso***, Tribunal Pleno, DJE de 9.9.2011).*

A decisão reclamada foi proferida pela 2ª Turma do Tribunal Regional do Trabalho da 3ª Região no sentido do reconhecimento da responsabilidade subsidiária do ente público, pelos seguintes fundamentos:

"*Por estar caracterizada a terceirização, aplica-se o entendimento consagrado na Súmula n. 331, item V do TST, a determinar que o tomador de serviços, mesmo os entes da Administração direta e indireta, responde subsidiariamente pelas parcelas trabalhistas devidas e inadimplidas pelo empregador quando incorre em* culpa in vigilando, *isto é, má fiscalização das obrigações contratuais.*

No caso vertente, a empregadora cometeu várias faltas que ensejaram a declaração da rescisão indireta do contrato de trabalho, tais como constantes atrasos no pagamento dos salários e no recolhimento do FGTS, sendo que em alguns meses não houve sequer o depósito de parcelas fundiárias, inexistindo nos autos provas até da quitação do salário alusivo ao mês de maio/2011.

Portanto, resta claro que não houve fiscalização eficiente por parte do ente público no tocante ao regular cumprimento do contrato de prestação de serviços, tendo em vista o reiterado inadimplemento dos créditos trabalhistas, o que causou prejuízos ao trabalhador.

Diante da situação fática delineada nos autos, não há dúvidas de que o recorrente deve responder de forma subsidiária pelas verbas inadimplidas pela empresa fornecedora de mão de obra.

Não se trata de negar vigência ou declarar a inconstitucionalidade do art. 71, § 1º da Lei n. 8.666/1993, mas de interpretá-lo em consonância com os dispositivos infraconstitucionais relativos à responsabilidade do ente público contratante (arts. 58, inciso III e 67 da Lei n. 8.666/1993, 186 e 927 do Código Civil), não se podendo olvidar ainda dos dispositivos constitucionais que valorizam e dignificam o trabalho (arts. 1º, inciso IV e 170)."

No caso dos autos, tem-se que a **ratio decidendi** da condenação do Poder Público é o inadimplemento de verbas trabalhistas pela empresa contratada, o que evidenciaria falta de fiscalização pelo Poder Público ou sua ineficiência e justificaria a imputação de **culpa in vigilando**, incidindo, na espécie, a Súmula TST n. 331.

No tocante à não observância da Súmula Vinculante n. 10, é de se questionar a existência de interesse de agir na presente reclamação. Isso porque o enunciado foi editado a fim de fazer prevalecer a chamada "cláusula de reserva de plenário", inscrita no art. 97 da Constituição Federal, que deve ser respeitada pelos tribunais quando, no exercício da jurisdição, precisem declarar a inconstitucionalidade de lei ou ato normativo do Poder Público. Vide:

"Art. 97. Somente pelo voto da maioria absoluta de seus membros ou dos membros do respectivo órgão especial poderão os tribunais declarar a inconstitucionalidade de lei ou ato normativo do Poder Público."

Referida regra, entretanto, é excepcionada quando "já houver pronunciamento [do tribunal julgador] ou do plenário do Supremo Tribunal Federal sobre a questão" (parágrafo único do art. 481 do Código de Processo Civil).

A norma que está em debate na presente ação — art. 71, § 1º, da Lei n. 8.666/93 — foi declarada constitucional por esta Suprema Corte na sessão plenária de 24.11.2010, com eficácia a partir da publicação da ata de julgamento no Diário de Justiça eletrônico, em 3.12.2010. Após essa data, qualquer decisão que negue vigência ao § 1º do art. 71 da Lei n. 8.666/93 por fundamento constitucional estará em confronto com a decisão desta Suprema Corte na ADC n. 16/DF.

Não há possibilidade que os demais órgãos do Poder Judiciário decidam de forma contrária, ou seja, nem mesmo órgão especial ou plenário de outros tribunais poderão declarar a inconstitucionalidade do disposto no art. 71, § 1º, da Lei n. 8.666/93, sob pena de afronta à ADC n. 16/DF.

Em uma primeira análise, não haveria interesse de agir do autor na parte em que alega desrespeito à Súmula Vinculante

n. 10, pois inadequado qualquer provimento desta Suprema Corte que anule decisão de órgão fracionário de tribunal a fim de que a constitucionalidade do dispositivo seja apreciada em respeito à "cláusula de reserva de plenário".

No entanto, a Súmula Vinculante n. 10 não é o único paradigma de confronto na presente reclamação; aponta-se como desrespeitado o próprio entendimento desta Suprema Corte firmado na ADC n. 16/DF.

O Plenário desta Corte, em 24.11.2010, no julgamento da ADC n. 16/DF, Relator o Ministro **Cezar Peluso**, declarou a constitucionalidade do § 1º do art. 71 da Lei n. 8.666/93, tendo observado que eventual responsabilização do poder público no pagamento de encargos trabalhistas não decorre de responsabilidade objetiva; antes, deve vir fundamentada no descumprimento de obrigações decorrentes do contrato pela administração pública, devidamente comprovada no caso concreto.

Mais uma vez, ressalto que não foi afastada a possibilidade de o poder público ser condenado ao pagamento de verbas decorrentes da prestação do serviço ao trabalhador, quando demonstrado, no caso concreto, o descumprimento das obrigações do contrato.

Transcrevo, novamente, o fundamento utilizado pelo TRT da 3ª Região para confirmar a condenação do Estado de Minas Gerais:

"No caso vertente, a empregadora cometeu várias faltas que ensejaram a declaração da rescisão indireta do contrato de trabalho, tais como constantes atrasos no pagamento dos salários e no recolhimento do FGTS, sendo que em alguns meses não houve sequer o depósito de parcelas fundiárias, inexistindo nos autos provas até da quitação do salário alusivo ao mês de maio/2011.

Portanto, resta claro que não houve fiscalização eficiente por parte do ente público no tocante ao regular cumprimento do contrato de prestação de serviços, tendo em vista o reiterado inadimplemento dos créditos trabalhistas, o que causou prejuízos ao trabalhador."

Em juízo de estrita delibação, verifico que a autoridade reclamada não expõe a conduta culposa ("contrári[a] aos padrões exigidos pelo Direito") imputável ao ente público, na condução do *contrato, que teria contribuído para o resultado danoso ao empregado da empresa a que foi adjudicado o objeto da licitação.*

Em verdade, o Tribunal do Trabalho, ao descrever as condutas viciadas praticadas pela empresa contratada, considera estas o próprio objeto justificante da culpa atribuída ao Estado, ora reclamante, decorrendo sua responsabilidade como consequência automática do inadimplemento das obrigações pela empresa contratada.

*Ante o exposto, **defiro o pedido liminar** para suspender os efeitos do acórdão da 2ª Turma do e. TRT da 3ª Região na Reclamação Trabalhista n. 00905-2011-019-03-00-9, na parte em que condena, subsidiariamente, o Estado de Minas Gerais.*

Para o regular prosseguimento do feito, verifico que a petição inicial não apresenta o valor da causa, em ofensa direta aos arts. 258 e 259, CPC. Dessa feita, determino a emenda da inicial, no prazo de dez dias, sob pena de ter cassada a liminar e extinta a ação, sem julgamento do mérito.

Publique-se. Int..[26]

6.3. Município

Porque caracterizada, no entendimento do relator, Min. Ricardo Lewandowski, a *culpa in vigilando*, foi negada liminar pretendida pelo Município de Bento Gonçalves, na RCL n. 14.671-RS[27], em decisão proferida a 23.8.2012. A decisão é a seguinte:

Trata-se de reclamação, com pedido de medida liminar, ajuizada pelo Município de Bento Gonçalves/RS, contra acórdão prolatado, em 19.9.2012, pela 8ª Turma do Tribunal Superior do Trabalho nos autos do Processo TST-AIRR-11100-23.2009.5.04.0511, assim ementado:

---

[26] Disponível em: <http://www.stf.jus.br/portal/processo/verProcessoAndamento.asp?incidente=4211212>. Acesso em: 11.12.2012.

[27] RCL n. 14.671-RS, de 9.10.2012 (Município de Bento Gonçalves *vs.* Tribunal Superior do Trabalho. Intdo.(a/s): Olderi Maria Oliveira de Bairros e Cooperativa Mista dos Trabalhadores Autônomos do Alto Uruguai — COOMTAAU). Rel.: Min. Ricardo Lewandowski.

"AGRAVO DE INSTRUMENTO. RECURSO DE REVISTA. ADMINISTRAÇÃO PÚBLICA. TERCEIRIZAÇÃO. DEVER DE FISCALIZAÇÃO. OMISSÃO. CULPA IN VIGILANDO. RESPONSABILIDADE SUBSIDIÁRIA. DECISÃO DO STF NA ADC 16. No julgamento da ADC 16, o Supremo Tribunal Federal, ao declarar a constitucionalidade do art. 71, § 1º, da Lei n. 8.666/93, ressalvou a possibilidade de a Justiça do Trabalho constatar, no caso concreto, a culpa in vigilando da Administração Pública e, diante disso, atribuir responsabilidade ao ente público pelas obrigações, inclusive trabalhistas, inobservadas pelo contratado. A própria Lei de Licitações impõe à Administração Pública o dever de fiscalizar a execução dos contratos administrativos, conforme se depreende dos arts. 58, III, e 67, § 1º, da Lei n. 8.666/93. Na hipótese dos autos, o TRT registrou, de forma expressa, a culpa in vigilando da Administração Pública, motivo pelo qual se atribui a responsabilidade subsidiária ao ente público, com fundamento nos arts. 186 e 927, caput, do Código Civil, pelo pagamento dos encargos trabalhistas devidos.

HONORÁRIOS ADVOCATÍCIOS. Verifica-se que o Regional não emitiu tese acerca da matéria, tampouco foram opostos Embargos de Declaração para tal fim. Assim, ausente o necessário prequestionamento. Incidência da Súmula 297, I e II, do TST. Agravo de Instrumento não provido."

A municipalidade reclamante alega, em síntese, que o juízo reclamado, ao negar provimento ao seu recurso na parte ora em análise, manteve o acórdão regional que, com base na Súmula n. 331, IV, do Tribunal Superior do Trabalho, teria afastado a incidência do art. 71, § 1º, da Lei n. 8.666/1993, condenando-a, assim, a responder subsidiariamente pelo pagamento de créditos trabalhistas devidos por empresa por ela contratada.

Sustenta, desse modo, a ocorrência de afronta ao enunciado da Súmula Vinculante n. 10 e à autoridade da decisão prolatada pelo Plenário desta Corte na Ação Direta de Inconstitucionalidade n. 16/DF, assim ementada:

"RESPONSABILIDADE CONTRATUAL. Subsidiária. Contrato com a administração pública. Inadimplência negocial

do outro contraente. Transferência consequente e automática dos seus encargos trabalhistas, fiscais e comerciais, resultantes da execução do contrato, à administração. Impossibilidade jurídica. Consequência proibida pelo art. 71, § 1º, da Lei Federal n. 8.666/93. Constitucionalidade reconhecida dessa norma. Ação direta de constitucionalidade julgada, nesse sentido, procedente. Voto vencido.

É constitucional a norma inscrita no art. 71, § 1º, da Lei Federal n. 8.666, de 26 de junho de 1993, com a redação dada pela Lei n. 9.032, de 1995."

Requer, liminarmente, a suspensão da tramitação do processo em que foi proferida a decisão ora impugnada e, no mérito, a sua cassação, "determinando-se seja proferida nova decisão que leve em conta os dispositivos legais acima referidos, ou que exclua o Município da responsabilidade subsidiária, ou do processo".

É o relatório necessário.

Decido o pedido de liminar.

Este Tribunal, no julgamento da ADC n. 16/DF, Rel. Min. Cezar Peluso, declarou a constitucionalidade do art. 71 da Lei n. 8.666/1993, entendendo, por conseguinte, que a mera inadimplência do contratado não tem o condão de transferir à Administração Pública a responsabilidade pelo pagamento dos encargos trabalhistas, previdenciários, fiscais e comerciais resultantes da execução do contrato.

No entanto, reconheceu-se, naquela assentada, que eventual omissão da Administração Pública no dever de fiscalizar as obrigações do contratado poderia gerar essa responsabilidade, acaso caracterizada a culpa in vigilando *do ente público.*

No caso dos autos, não vislumbro, ainda que de forma perfunctória, própria deste momento processual, ofensa ao que decidido por ocasião do referido julgamento ou ao teor da Súmula Vinculante n. 10.

Isso porque a atribuição de responsabilidade subsidiária ao ora reclamante, ao que tudo indica, não se deu de forma automática, baseada tão somente na inadimplência da empresa contratada, mas por ter entendido o juízo reclamado, com base nos elementos constantes dos autos da reclamação trabalhista, que restou efetivamente configurada a culpa in vigilando do ente público.

Transcrevo, nessa linha, o seguinte trecho do decisum ora em exame:

"Ressalto, por oportuno, que em recente decisão o Supremo Tribunal Federal julgou procedente o pedido formulado na ADC n. 16, para declarar a constitucionalidade do art. 71, § 1º, da Lei n. 8.666/93, dispositivo que afasta a responsabilidade da Administração Pública pelo pagamento dos encargos trabalhistas inadimplidos pelo contratado.

A própria Corte Suprema ressalvou a possibilidade de a Justiça do Trabalho constatar, no caso concreto, a culpa in vigilando da Administração Pública e, diante disso, atribuir responsabilidade ao ente público pelas obrigações, inclusive trabalhistas, inobservadas pelo contratado.

De fato, a própria Lei de Licitações impõe à Administração Pública o dever de fiscalizar a execução dos contratos administrativos, conforme se lê do art. 58, III, da Lei n. 8.666/93:

'O regime jurídico dos contratos administrativos instituído por esta Lei confere à Administração, em relação a eles, a prerrogativa de:

(...)

III — fiscalizar-lhes a execução;'

A obrigação de fiscalização, por parte da Administração Pública, é complementada pelo disposto no art. 67, caput e § 1º, do mesmo diploma legal:

'A execução do contrato deverá ser acompanhada e fiscalizada por um representante da Administração especialmente designado, permitida a contratação de terceiros para assisti-lo e subsidiá-lo de informações pertinentes a essa atribuição.

§ 1º O representante da Administração anotará em registro próprio todas as ocorrências relacionadas com a execução do contrato, determinando o que for necessário à regularização das faltas ou defeitos observados.'

Na hipótese dos autos, o TRT consignou, de forma expressa, a conduta culposa, por omissão, da Administração Pública (culpa in vigilando). In verbis: 'O fato de o recorrente ser apenas tomador de serviços não o isenta da responsabilidade subsidiária pelo adimplemento dos créditos devidos à demandante, a qual decorre do fato de ter se beneficiado dos serviços prestados pela autora, bem como por não ter diligenciado no sentido de averiguar amplamente as condições de trabalho em observância à legislação trabalhista. Assim, ainda que o recorrente não tenha agido com culpa in eligendo, *por certo agiu com* **culpa in vigilando**, *uma vez que a empresa por ele contratada não cumpriu com suas obrigações trabalhistas em relação à autora, causando a esta a necessidade de pleiteá-los por meio da presente demanda. A propósito,* **a obrigação de fiscalização imposta ao ente público abrange o devido cumprimento das obrigações trabalhistas da prestadora, e a omissão neste aspecto configura, efetivamente, a culpa ensejadora da responsabilização subsidiária***'." (grifos meus.)*

Nesse mesmo sentido, entre outras, as decisões proferidas nas Reclamações ns. 14.419-MC/RS, Rel. Min. Celso de Mello; 14.346-MC/SP, Rel. Min. Joaquim Barbosa; 13.941-MC/MG, Rel. Min. Cezar Peluso; 13.455-MC/SP, de minha relatoria; 13.272-MC/MG, Rel. Min. Rosa Weber; 13.219-MC/SP, Rel. Min. Ayres Britto; e 13.204-MC/AM, Rel. Min. Luiz Fux.

Isso posto, indefiro o pedido de medida liminar.

Requisitem-se informações.

Após, ouça-se a Procuradoria Geral da República.

Publique-se.[28]

---

[28] Disponível em: <http://www.stf.jus.br/portal/processo/verProcessoAndamento.asp?incidente=4313962>. Acesso em: 11.12.2012.

7. SISTEMA "S". NECESSIDADE DE CONCURSO

Foi reconhecida repercussão geral para o tema relativa à necessidade de entidades integrantes do sistema "S" realizarem concurso público para admissão em seus quadros de empregados. Esse processo seletivo é objeto de ação do Ministério Público do Trabalho, no ARE n. 661.383-GO[29], inicialmente da relatoria do Min. Cezar Peluso, e agora tendo como relator o Min. Teori Zavascki.

A notícia a respeito é a seguinte:

> *A necessidade ou não de as entidades de serviço social autônomo — o chamado "Sistema S" — realizarem concurso público para a contratação de empregados será examinada pelo Supremo Tribunal Federal em processo em que foi reconhecida a existência de repercussão geral da questão constitucional suscitada. Trata-se do Recurso Extraordinário com Agravo (ARE) n. 661.383, no qual o Ministério Público do Trabalho pretende que o SEST (Serviço Social do Transporte) contrate seus funcionários por meio de processos seletivos objetivos.*
>
> *O processo teve início como ação civil pública ajuizada pelo MPT na Justiça do Trabalho de Goiás. O objetivo era fazer com que o SEST deixasse de realizar processos seletivos internos ou mistos e que a abertura de vagas fosse divulgada em jornais de grande circulação. O preenchimento dessas vagas deveria ser feito por meio de critérios objetivos de aferição de conhecimentos teóricos e práticos, nos moldes dos concursos públicos. Para o MPT, as entidades de serviço social autônomo, embora sejam*

---

[29] ARE n. 661.383-GO, de 23.8.2012 (Ministério Público do Trabalho *vs.* Serviço Social do Transporte — SEST). Rel. original: Min. Cezar Peluso. Rel.: Min. Teori Zavascki. Disponível em: <http://www.stf.jus.br/portal/processo/verProcessoAndamento.asp?incidente=4158134>. Acesso em: 11.12.2012.

pessoas jurídicas de direito privado, utilizam-se de recursos públicos repassados por meio de contribuições parafiscais.

A pretensão foi deferida em primeiro grau, mas julgada improcedente pelo Tribunal Regional do Trabalho da 18ª Região (GO) e pela Quinta Turma do Tribunal Superior do Trabalho (TST). O acórdão da Turma teve como fundamento jurisprudência do TST no sentido de que a exigência de concurso público do art. 37, inciso II, da Constituição da República diz respeito expressamente aos entes integrantes da administração pública direta e indireta, não se aplicando, portanto, ao SEST.

Como a remessa do recurso extraordinário foi inicialmente inadmitida pelo TST, o processo chegou ao STF por meio do ARE 661.383. Nele, o MPT reitera a necessidade de processo seletivo com base em critérios objetivos e impessoais e pede o restabelecimento da sentença favorável a sua pretensão.[30]

---

[30] Disponível em: <http://www.stf.jus.br/portal/cms/verNoticiaDetalhe.asp?idConteudo=218362>. Acesso em: 28.10.2012.

8. TRABALHO "ESCRAVO"[31]. CADASTRO DE EMPREGADORES. PERDA DE OBJETO

Considerando que a Portaria n. 540/2004, do Ministério do Trabalho e Emprego, criadora do cadastro de empregadores que mantinham trabalhadores em condições análogas a de escravo, foi revogada pela Portaria Interministerial n. 2/2011, do MTE e da Secretaria de Direitos Humanos da Presidência da República, o Min. Ayres Britto decidiu, a 3.4.2012, pela extinção da ADI n. 3.347-DF[32], considerando caracterizada a perda de objeto.

Sua decisão tem o seguinte teor:

Vistos, etc.

Trata-se de ação direta de inconstitucionalidade, aparelhada com pedido de medida cautelar, manejada pela Confederação da Agricultura e Pecuária do Brasil (CNA), contra a Portaria n. 540/2004, do Ministério do Trabalho e Emprego. Após a distribuição de cópias do Relatório aos Ministros e pedido de pauta para julgamento (art. 172 do Regimento Interno), recebi da requerente pedido de reconhecimento da prejudicialidade da presente ação direta. Pleito fundamentado na publicação da Portaria Interministerial n. 2/2011, do Ministério do Trabalho e Emprego e da Secretaria de Direitos Humanos da Presidência da República, que revogou, expressamente, o ato impugnado.

---

[31] Sobre trabalho forçado, v., nesta coletânea, v. 10, p. 40, e v. 13, p. 51.
[32] ADI n. 3.347-DF, de 3.4.2012. Reqte: Confederação da Agricultura e Pecuária do Brasil. Intdo.: Ministro de Estado do Trabalho e Emprego. *Amici curiae:* Conectas Direitos Humanos, Associação Nacional dos Magistrados da Justiça do Trabalho — ANAMATRA, Associação dos Juízes Federais do Brasil — AJUFE, Associação Nacional dos Procuradores do Trabalho — ANPT, Associação Nacional dos Procuradores da República — ANPR, Confederação Nacional do Comércio de Bens, Serviços e Turismo — CNC. Rel. Min. Ayres Britto.

2. Feito esse relato da causa, passo a decidir. Fazendo-o, tenho que assiste razão à requerente. É que a pacífica jurisprudência deste Tribunal é no sentido de que a revogação ou perda de vigência da norma impugnada constitui causa superveniente de perda de objeto da ação, com o consequente desaparecimento do interesse de agir do autor. Nesse sentido, destacam-se os julgados do Plenário desta Casa, assim ementados:

"AÇÃO DIRETA DE INCONSTITUCIONALIDADE — QUESTÃO DE ORDEM — IMPUGNAÇÃO A MEDIDA PROVISÓRIA QUE SE CONVERTEU EM LEI — LEI DE CONVERSÃO POSTERIORMENTE REVOGADA POR OUTRO DIPLOMA LEGISLATIVO — PREJUDICIALIDADE DA AÇÃO DIRETA. — A revogação superveniente do ato estatal impugnado faz instaurar situação de prejudicialidade que provoca a extinção anômala do processo de fiscalização abstrata de constitucionalidade, eis que a ab-rogação do diploma normativo questionado opera, quanto a este, a sua exclusão do sistema de direito positivo, causando, desse modo, a perda ulterior de objeto da própria ação direta, independentemente da ocorrência, ou não, de efeitos residuais concretos. Precedentes." (ADI n. 1.445 QO/DF)

"AÇÃO DIRETA DE INCONSTITUCIONALIDADE. OBJETO DA AÇÃO. REVOGAÇÃO SUPERVENIENTE DA LEI ARGUIDA DE INCONSTITUCIONAL. PREJUDICIALIDADE DA AÇÃO. CONTROVÉRSIA. OBJETO DA AÇÃO DIRETA prevista no art. 102, I, a e 103 da Constituição Federal, e a declaração de inconstitucionalidade de lei ou ato normativo em tese, logo o interesse de agir só existe se a lei estiver em vigor. REVOGAÇÃO DA LEI ARGUIDA DE INCONSTITUCIONAL. Prejudicialidade da ação por perda do objeto. A revogação ulterior da lei questionada realiza, em si, a função jurídica constitucional reservada à ação direta de expungir do sistema jurídico a norma inquinada de inconstitucionalidade. EFEITOS concretos da lei revogada, durante sua vigência. Matéria que, por não constituir objeto da ação direta, deve ser remetida as vias ordinárias. A declaração em tese de lei que não mais existe transformaria a ação direta em instrumento processual de proteção de situações jurídicas pessoais e concretas. Ação direta que, tendo por objeto a Lei n. 9.048/89 *do Estado do Paraná, revogada no curso da ação, se julga prejudicada." (ADI 709-PR)*

*"Ação direta de inconstitucionalidade — Tendo sido ab-rogada a Lei n. 751, de 7.4.1995, do Estado do Tocantins, na qual se encontravam os dispositivos tidos como inconstitucionais, pela Lei n. 769, de 5.7.1995, do mesmo Estado, que também restabeleceu todas as normas por aquela desconstituídas, está prejudicada a presente ação direta, tendo em vista a orientação desta Corte que, ao julgar a Ação Direta de Inconstitucionalidade n. 708, decidiu que a revogação do ato normativo ocorrida posteriormente ao ajuizamento da ação direta, mas anteriormente ao seu julgamento, a torna prejudicada, **independentemente da verificação dos efeitos concretos que o ato haja produzido, pois eles têm relevância no plano das relações jurídicas individuais, não, porém, no controle abstrato das normas.** Ação direta não conhecida, por estar prejudicada pela perda de seu objeto." (ADI n. 1.280/TO)*

3. Não se alegue que eventuais efeitos jurídicos da norma revogada justificam o interesse no julgamento da declaração de sua inconstitucionalidade. Isto porque esta Casa de Justiça tem o remansoso entendimento de que, no âmbito do controle concentrado de constitucionalidade, não são apreciáveis atos concretos, oriundos de relações jurídicas subjetivas (ADI-QO n. 1.445/DF, ADI n. 1.280/TO, ADI n. 3.162/PE, ADI n. 2.006-DF, ADI n. 3.831/DF, ADI n. 1.920/BA etc.). Noutras palavras, "esse entendimento jurisprudencial do Supremo Tribunal Federal nada mais reflete senão a própria natureza jurídica do controle normativo abstrato, em cujo âmbito não se discutem situações de caráter concreto ou individual" (RTJ n. 160/145, Rel. Ministro Celso de Mello).

4. Ante o exposto, julgo **extinta, por perda de objeto, a presente ação direta** de inconstitucionalidade. O que faço com fundamento no inciso IX do art. 21 do RI/STF.

Publique-se.[33]

---

[33] Disponível em: <http://www.stf.jus.br/portal/processo/verProcessoAndamento.asp?incidente=2255798>. Acesso em: 12.12.2012.

PARTE II

DIREITOS COLETIVOS

1. CADASTRO SINDICAL. INCONSTITUCIONALIDADE

Com o advento da Constituição de 1988, acabou a necessidade de outorga de carta sindical para os sindicatos atuarem no Brasil. Embora, a meu ver, bastasse o simples registro cartorial, para adquirir personalidade jurídica, e, nos moldes existentes na França, no México e na Itália, realizado no Brasil, no Ministério do Trabalho e Emprego, outro registro apenas para dar publicidade e adquirir personalidade sindical para atuar para os fins do art. 8º da Lei Fundamental[34].

A ADI n. 4.738-DF[35], relatada pelo Min. Gilmar Mendes, recebeu, a 19.4.2012, despacho para tramitação, mantendo os efeitos dos dispositivos inquinados, seguindo o rito do art. 12 da Lei n. 9.868, de 10 de novembro de 1999, mas, até dezembro de 2012, não havia sido apreciada pelo Pleno do STF[36].

O noticiário a respeito é o seguinte:

> *A Confederação dos Servidores Públicos do Brasil (CSPB) apresentou Ação Direta de Inconstitucionalidade (ADI 4738) contra dispositivos do Decreto n. 7.674/2012, que dispõe sobre o Subsistema de Relações de Trabalho no Serviço Público Federal (SISRT), e do Decreto n. 7.675/2012, que aprova a estrutura regimental e o quadro demonstrativo dos cargos em comissão e funções gratificadas do Ministério do Planejamento, Orçamento e Gestão.*
>
> *Os dispositivos adotam a expressão "organizar e manter atualizado o cadastro nacional das entidades sindicais representativas de servidores públicos federais".*

---

[34] V., a respeito, o meu *Liberdade sindical e direito de greve no direito comparado*. São Paulo: LTr, 1992. p. 65 *passim*.

[35] ADI n. 4.738-DF, de 19.4.2012 (Confederação dos Servidores Públicos do Brasil — CSPB. Intdo.: Presidente da República). Rel.: Min. Gilmar Mendes.

[36] Disponível em: <http://www.stf.jus.br/portal/processo/verProcessoAndamento.asp?incidente=4211788>. Acesso em: 12.12.2012.

A CSPB sustenta que a competência para dispor sobre a organização, atualização e fiscalização do cadastro de entidades sindicais, sejam eles servidores públicos ou da iniciativa privada, é do Ministério do Trabalho e Emprego (MTE), que, depois da Constituição da República de 1988, atua apenas como órgão fiscalizador, sem poder discricionário. Além disso, observa que a manutenção do cadastro requer um aparato administrativo que o MTE já possui, com as superintendências regionais e auditorias fiscais do trabalho.

Para a confederação, os decretos impugnados, ao atribuírem, respectivamente, ao SISRT e à Secretaria de Relações de Trabalho no Serviço Público a competência para organizar e manter o cadastro das entidades representativas de servidores públicos afronta o ordenamento constitucional e a jurisprudência do STF.

A autora da ADI observa que a Constituição, ao tirar do MTE o poder discricionário na concessão do registro sindical, submetendo o ato apenas ao cumprimento de formalidades legais, não estipulou qual o órgão que continuaria a organizar e manter atualizado o cadastro nacional das entidades sindicais. As decisões dos tribunais superiores determinaram que a competência deveria permanecer com o MTE.

Por outro lado, o inciso I do art. 8º da Constituição, que garante a liberdade de associação profissional ou sindical, dispõe sobre a não interferência através de lei editada pelo Estado na fundação de entidade sindical, com ressalva apenas para a exigência do registro no órgão competente. "O Estado não pode interferir na criação de entidades sindicais, mas a lei pode exigir o registro no órgão competente", assinala a ação. "No presente caso, a exigência estatal se realizou através de decreto do poder Executivo."

A CSPB pede a concessão de medida cautelar para suspender os efeitos dos dois dispositivos (inciso IV do art. 6º do Decreto n. 7.674/2012, e inciso IV do art. 38 do Decreto n. 7.675/2012) e, no mérito, a declaração de sua inconstitucionalidade. O relator é o ministro Gilmar Mendes.[37]

---

[37] Disponível em: <http://www.stf.jus.br/portal/cms/verNoticiaDetalhe.asp?idConteudo=202268>. Acesso em: 12.4.2012.

2. GREVE[38]

2.1. Policial Civil

O exercício do direito de greve no serviço público é amplo, mas não é absoluto. Os integrantes das carreiras de Estado não possuem esse direito. É o caso de policial civil. Com efeito, no ARE n. 654.432-GO[39], relatado pelo Min. Ricardo Lewandowski, o Pleno do STF, a 20.4.2012, reconheceu existência de repercussão geral ao tema[40]. Eis o noticiário a respeito.

> *O Plenário Virtual do Supremo Tribunal Federal (STF) admitiu a existência de repercussão geral na matéria tratada no Recurso Extraordinário com Agravo (ARE n. 654432), que discute a legalidade, ou não, do exercício do direito de greve por parte dos policiais civis, diante da ausência de norma regulamentadora.*
>
> *No entendimento do ministro Ricardo Lewandowski, relator do ARE, a matéria constitucional suscitada no recurso ultrapassa os interesses das partes e possui evidente relevância social, "tendo em vista que a atividade policial é essencial à manutenção da ordem pública". "Com efeito, a Constituição Federal garante o exercício do direito de greve dos servidores públicos, observadas as limitações previstas em lei. Contudo, diante da ausência de norma regulamentadora da matéria, sobretudo no que se refere à*

---

[38] Sobre greve em geral, v., nesta coletânea, v. 2, p. 78, 81, 84, 90, v. 3, p. 50, v. 5, p. 39, 40, v. 6, p. 59, v. 7, p. 41, v. 9, p. 110, v. 10, p. 69, v. 11, p. 37, v. 12, p. 35, 39, 54, v. 13, p. 63 e v. 14, p. 51, 56, 60.

[39] ARE n. 654.432-GO, de 20.4.2012 (Estado de Goiás vs. Sindicato dos Policiais Civis de Goiás na Ride — SINPOL. *Amicus curiae*: Sindicato dos Policiais Civis de Londrina e Região — SINDIPOL). Rel.: Min. Ricardo Lewandowski.

[40] Disponível em: <http://www.stf.jus.br/portal/processo/verProcessoAndamento.asp?incidente=4128634>. Acesso em: 12.12.2012.

atividade policial, fica demonstrada a relevância política e jurídica do tema", destacou o ministro.

No recurso, a Procuradoria do Estado de Goiás questiona acórdão do Tribunal de Justiça goiano que declarou legítimo o exercício do direito de greve por parte dos policiais civis do Estado. Ao defender a existência de repercussão geral da matéria constitucional tratada no RE, a autora argumenta que exercício do direito de greve ilimitado por policiais civis tem reflexos sociais, econômicos, jurídicos e políticos que ultrapassam os interesses subjetivos da causa. Sustenta, também, que o entendimento do STF de garantir o direito de greve a determinados servidores públicos não se estende aos integrantes das carreiras de Estado.[41]

2.2. Servidor Público. Competência

A STF reconheceu, a 11.5.2012, a existência de repercussão geral ao tema relativo à abusidade de greve de servidores públicos regidos pela CLT, objeto do ARE n. 665.969-SP[42], relatado pelo Min. Luiz Fux.

O noticiário a respeito assinala:

> *Por meio do Plenário Virtual, o Supremo Tribunal Federal (STF) reconheceu a repercussão geral do tema discutido no Recurso Extraordinário com Agravo (ARE) n. 665.969, que irá analisar o juízo competente para julgar processo envolvendo a abusividade de greve deflagrada por servidores públicos regidos pela CLT (Consolidação das Leis do Trabalho). No caso específico, a greve foi realizada pelos guardas municipais de São Bernardo do Campo (SP).*
>
> *O ARE foi interposto pela Federação Estadual dos Trabalhadores da Administração do Serviço Público Municipal (Fetam) e pelo Sindicato dos Guardas Civis Municipais de Santo André, São Bernardo do Campo, São Caetano do Sul, Diadema e Ribeirão*

---

[41] Disponível em: <http://www.stf.jus.br/portal/cms/verNoticiaDetalhe.asp?idConteudo=206855>. Acesso em: 9.5.2012.
[42] ARE n. 665.969-SP, de 11.5.2012 (Federação Estadual dos Trabalhadores da Administração do Serviço Público Municipal — FETAM e outro (a/s) *vs.* Município de São Bernardo do Campo e Ministério Público do Trabalho). Rel.: Min. Luiz Fux.

Pires contra decisão da Seção Especializada em Dissídios Coletivos (SDC) do Tribunal Superior do Trabalho (TST), que declinou de sua competência para julgar o dissídio coletivo de greve da categoria.

Na decisão recorrida, o TST afirma que, "embora sob o regime da CLT, a Guarda Civil do Município de São Bernardo constitui instituição voltada à segurança pública, prevista no art. 144, § 8º, da Constituição Federal", de forma que se encontraria abrangida pela decisão do STF no Mandado de Injunção (MI) 670, no qual a Corte definiu contornos para a apreciação de greve deflagrada por servidores públicos estatutários e dispôs sobre competência e legislação aplicável.

No STF, a Federação e o Sindicato pedem que seja reconhecida a competência da Justiça do Trabalho para apreciar a abusividade ou não da greve realizada em 2007, determinando-se o retorno dos autos ao TST para que, no mérito, seja reconhecido o direito da categoria ao reajuste salarial de 8%. De acordo com o ministro Luiz Fux, relator do ARE, "o tema constitucional versado nos autos é questão relevante do ponto de vista econômico, político, social e jurídico, e ultrapassa os interesses subjetivos da causa".[43]

A manifestação do Min. Luiz Fux tem o seguinte teor:

> *RECURSO EXTRAORDINÁRIO COM AGRAVO. COMPETÊNCIA PARA JULGAR ABUSIVIDADE DE GREVE DE SERVIDORES PÚBLICOS CELETISTAS. RELEVÂNCIA DA MATÉRIA E TRANSCENDÊNCIA DE INTERESSES. MANIFESTAÇÃO PELA EXISTÊNCIA DE REPERCUSSÃO GERAL DA QUESTÃO CONSTITUCIONAL.*
>
> *MANIFESTAÇÃO*
>
> *Trata-se de agravo de instrumento contra decisão que negou seguimento a Recurso Extraordinário interposto em face de acórdão prolatado pela Seção Especializada em Dissídios Coletivos do Tribunal Superior do Trabalho, assim fundamentado:*

---

[43] Disponível em: <http://www.stf.jus.br/portal/cms/verNoticiaDetalhe.asp?idConteudo=207768>. Acesso em: 22.5.2012.

"Em relação à abusividade da greve deflagrada pelos Guardas Civil Municipais, declaro, de ofício, que não compete à Justiça do Trabalho apreciá-la."

Com efeito, no julgamento do Mandado de Injunção 670, o Supremo Tribunal Federal definiu contornos para a apreciação de greve deflagrada por servidores públicos estatutários, dispondo sobre competência e legislação aplicável, nestes termos:

....

Conforme decidido, por ora, os conflitos envolvendo direito de greve dos servidores públicos estatutários encontram-se também fora do âmbito de competência da Justiça do Trabalho. Não por outra razão foi do Superior Tribunal de Justiça que emanou decisão liminar determinando o funcionamento das unidades do INSS durante a greve deflagrada em 2009 (MC-15656-DF, Rel. Min. Og Fernandes, DJ 1º.6.2009).

Embora sob o regime da CLT, a Guarda Civil do Município de São Bernardo constitui instituição voltada à segurança pública, prevista no art. 144, § 8º, da Constituição Federal, de forma que se encontra abrangida pela aludida decisão do STF que denota a preocupação com a continuidade dos serviços públicos.

Nesse sentido, a Seção de Dissídios Coletivos do TST já proferiu acórdão no sentido de julgar extinto, sem resolução de mérito, por incompetência da Justiça do Trabalho, dissídio coletivo de greve ajuizado pelo Município de Paulínia em face de greve deflagrada pela Guarda Civil Municipal (RODC-2166/2007-000-15-00.3, Rel. Min. Dora Maria da Costa, DJ 22.05.2009). Logo, julgo extinto o processo, sem exame do mérito, no tocante ao pedido de declaração de abusividade da greve.

....

Como é sabido, o dissídio coletivo tem natureza constitutiva e/ou declaratória, e não condenatória. A pessoa jurídica de direito público chamada a juízo em dissídio coletivo não pode ser compelida à destinação compulsória de dotação orçamentária futura, ou à alocação de recursos não previstos no orçamento público, uma vez que não cabe ao órgão julgador ajuizar sobre os critérios de opor-

tunidade e conveniência do interesse público, que normalmente se encontram fora do âmbito decisório da entidade empregadora, já que o procedimento deve submeter-se a regras de previsão orçamentária, a ser elaborada pela autoridade competente, e à aprovação legislativa, consoante as leis vigentes. Incide, no caso, a OJ n. 5 da SDC, de seguinte teor:

> *'DISSÍDIO COLETIVO CONTRA PESSOA JURÍDICA DE DIREITO PÚBLICO. IMPOSSIBILIDADE JURÍDICA. Aos servidores públicos não foi assegurado o direito ao reconhecimento de acordos e convenções coletivos de trabalho, pelo que, por conseguinte, também não lhes é facultada a via do dissídio coletivo, à falta de previsão legal.' No caso, deve-se ressaltar, que, durante o curso deste processo, a Municipalidade de São Bernardo do Campo já havia encaminhado projeto de lei para novo enquadramento funcional, por decisão administrativa, de forma a atender com melhoria salarial os profissionais da categoria, inclusive o segmento insatisfeito. É o que consta do acórdão regional (fls. 734).*

Por esse motivo, carece de possibilidade jurídica o pedido de natureza econômica formulado em dissídio coletivo de greve ante a entidade de direito público.

No caso, incumbe reconhecer que as reivindicações formuladas limitaram-se ao âmbito das repercussões econômicas, conforme se verifica às fls. 417/420 (...)

Ante o exposto, encontra-se ausente a condição essencial ao ajuizamento do dissídio coletivo de natureza econômica, pelo que se impõe, nesse aspecto, a extinção do processo, sem julgamento de mérito, nos termos do art. 267, VI, do CPC" (fls. 812 a 817).

Nas razões do recurso extraordinário, sustenta a preliminar de repercussão geral e, no mérito, alega violação dos arts. 5º, II, XXXV, LIV e LV, 37, X, 93, IX, e 114, I e II, da Constituição Federal.

Aduz que "o C. TST rejeitou sumariamente o recurso integrativo sem se manifestar acerca de todos os pontos abordados nos declaratórios, incorrendo em negativa de prestação jurisdicional" (fl. 873).

Argumenta que:

"(...) o entendimento do r. Acórdão recorrido destoou não só da jurisprudência do C. TST, como também afigura-se absolutamente desarmônico com o pacífico entendimento do Augusto STF, consubstanciado no Mandado de Injunção n. 670 e na ADI n. 3.395-6, pois na hipótese trata-se de movimento grevista exercido por servidores públicos celetistas.

Realmente, o v. Acórdão embargado ao aplicar à espécie o entendimento consagrado no MI n. 670 do Excelso STF, acabou por violar o art. 114 da Constituição Federal na medida em que não se trata de conflito envolvendo direito de greve de servidor público estatutário, que está fora do âmbito de competência da Justiça do Trabalho. Na hipótese, conforme já dito alhures trata-se de greve realizada por servidores celetistas.

Ora, o v. Acórdão ora embargado deixou de considerar que os Guardas Municipais de São Bernardo do Campo, não obstante sejam trabalhadores da administração pública direta, são regidos pela CLT, fato absolutamente incontroverso nos autos (...)" (fl. 881).

Pede que seja reconhecida a "competência da Justiça do Trabalho para apreciar abusividade ou não da greve realizada, determinando-se o retorno dos autos para o C. TST e, no mérito, seja conhecido e provido o apelo, com base na violação aos arts. 5º, II e 37, X, da Constituição Federal, reconhecendo-se o direito dos Recorrentes ao reajustamento salarial de 8%" (fl. 888).

A questão constitucional posta à apreciação deste Supremo Tribunal Federal, portanto, cinge-se na discussão, sobre qual o juízo competente para julgar processo em que se discute abusividade de greve de servidores públicos regidos pela Consolidação das Leis do Trabalho — CLT, nos termos do art. 114, incisos I e II, da Constituição Federal.

A meu juízo, o recurso merece ter reconhecida a repercussão geral, haja vista que o tema constitucional versado nestes autos é questão relevante do ponto de vista econômico, político, social e jurídico, e ultrapassa os interesses subjetivos da causa.

Diante do exposto, nos termos do art. 543-A, § 1º, do Código de Processo Civil, combinado com o art. 323, § 1º, do RISTF, manifesto-me pela existência de repercussão geral da questão constitucional suscitada, submetendo-a à apreciação dos demais Ministros desta Corte.[44]

Contrariamente a esse entendimento, assim se pronunciou, a 26.4.2012, o Min. Marco Aurélio:

RECURSO EXTRAORDINÁRIO COM AGRAVO — REPERCUSSÃO GERAL — INADEQUAÇÃO.

1. A Assessoria prestou as seguintes informações:

Eis a síntese do que discutido no Recurso Extraordinário com Agravo n. 665.969/SP, da relatoria do Ministro Luiz Fux, inserido no sistema eletrônico da repercussão geral às 18 horas e 4 minutos do dia 20 de abril de 2012.

A Seção Especializada em Dissídios Coletivos do Tribunal Superior do Trabalho, no julgamento do Recurso Ordinário em Dissídio Coletivo n. TST-RODC-20304/2007-000-02-00.7, extinguiu o processo sem resolução de mérito assentando a incompetência da Justiça do Trabalho para analisar o abuso do exercício do direito de greve por servidores públicos municipais celetistas, componentes da Guarda Civil, ante a essencialidade do serviço prestado, porquanto, apesar de regidos pela Consolidação das Leis do Trabalho, tais servidores integrariam instituição responsável por garantir a segurança pública municipal. Entendeu que a aludida situação estaria abrangida pela decisão do Supremo no Mandado de Injunção n. 670, da relatoria do Ministro Maurício Corrêa. Concluiu pela impossibilidade jurídica do pedido de concessão de reajuste formulado pelas recorrentes por meio de dissídio coletivo, na medida em que pessoa jurídica de direito público não poderia ser compelida a destinar recursos não previstos no orçamento, não cabendo ao Poder Judiciário adentrar na seara da conveniência e oportunidade do ente.

Os embargos de declaração interpostos foram desprovidos.

---

[44] Disponível em: <http://www.stf.jus.br/portal/processo/verProcessoAndamento.asp?incidente=4177709>. Acesso em: 12.12.2012.

No extraordinário protocolado com alegada base nas alíneas a e c do permissivo constitucional, as recorrentes arguem transgressão aos artigos 5º, incisos II, XXXV, LIV e LV, 37, inciso X, 93, inciso IX, e 114, incisos I e II, da Carta Federal.

Sustentam a competência da justiça laboral para julgar a legalidade do movimento grevista deflagrado, por tratar-se de controvérsia acerca de servidores públicos regidos pela Consolidação das Leis do Trabalho — CLT, mostrando-se inaplicável à hipótese, portanto, a decisão do Supremo.

Aduzem que o fato de ser a atividade exercida pelos servidores inerente à segurança pública não poderia afastar a mencionada competência, pois a relação jurídica existente entre as partes configuraria vínculo empregatício, regido pela CLT.

Sob o ângulo da repercussão geral, anota a relevância econômica do tema, por dizer respeito a grande número de servidores públicos celetistas em todo o país. A matéria seria importante do ponto de vista jurídico por tratar de fixação da competência da Justiça do Trabalho.

Os recorridos não juntaram as contrarrazões.

O extraordinário não foi admitido na origem.

As recorrentes interpuseram agravo. Reiteraram os argumentos constantes do extraordinário.

O Município de São Bernardo do Campo, na contraminuta, aponta o acerto da decisão atacada.

O Ministério Público do Trabalho da 2ª Região não apresentou a contraminuta.

Eis o pronunciamento do relator, Ministro Luiz Fux:[45]

Informo não ter o relator provido, até a presente data, o agravo, consoante pesquisa realizada no sítio eletrônico do Supremo.

2. Observem a organicidade do Direito. O instituto da repercussão geral refere-se a recurso extraordinário que veicule matéria

---

[45] A manifestação do Ministro relator está transcrita acima.

de índole constitucional. É o que decorre do disposto no § 3º do art. 102 da Carta Federal:

> Art. 102. Compete ao Supremo Tribunal Federal, precipuamente, a guarda da Constituição, cabendo-lhe:
>
> [...]
>
> § 3º No recurso extraordinário o recorrente deverá demonstrar a repercussão geral das questões constitucionais discutidas no caso, nos termos da lei, a fim de que o Tribunal examine a admissão do recurso, somente podendo recusá-lo pela manifestação de dois terços de seus membros.

Até aqui, para apreciação do Supremo, há o agravo interposto, que veio, ante a legislação instrumental, no próprio processo. Em síntese, o recurso extraordinário teve a sequência indeferida na origem. O interessado protocolou o agravo, o qual deve ser julgado pelo relator, o que ainda não ocorreu.

Descabe fragilizar o instituto da repercussão geral e isso acontecerá caso, de cambulhada, seja colado a processo que não se apresenta a este Tribunal com o recurso extraordinário admitido.

3. Concluo pela inadequação do instituto da repercussão geral.

4. À Assessoria, para acompanhar a tramitação do incidente.

5. Publiquem.[46]

---

[46] Disponível em: <http://www.stf.jus.br/portal/processo/verProcessoAndamento.asp?incidente=4177709>. Acesso em: 12.12.2012.

PARTE III

DIREITO PROCESSUAL

1. CERTIDÃO NEGATIVA DE DÉBITO TRABALHISTA. INCONSTITUCIONALIDADE

Certamente um dos mais importantes passos no sentido de conservar o indispensável respeito que deve ter a Justiça do Trabalho foi a criação, pela Lei n. 12.440/2011, da Certidão Negativa de Débito Trabalhista (CNDT). O TST, complementando a Lei, instituiu o Banco Nacional de Devedores Trabalhistas, pela Resolução n. 1.470/2011[47].

Essa certidão não é destinada apenas a empresas (pessoas jurídicas) que desejem participar de procedimentos licitatórios. Vai para muito além. Serve também para pessoas físicas comprovarem que bens de sua propriedade não se encontram vinculados a nenhum processo executório na Justiça do Trabalho. Por exemplo, em algumas cidades brasileiras, numa simples compra de imóveis, geralmente, as certidões apresentadas pelo vendedor identificam a existência ou não de ônus sobre esse bem de todos os segmentos do Judiciário, menos do trabalhista. No futuro, o comprador poderá ser surpreendido com gravames sobre o patrimônio que adquiriu sem, contudo, ter verificado a certidão negativa de débito trabalhista.

Este aspecto, que pode atingir qualquer pessoa, não foi o causador do ajuizamento da ADI n. 4.716-DF[48], relatada pelo Min. Dias Toffoli, nem da ADI n. 4.742-DF[49], apensada àquela, e, até dezembro de 2012, não haviam sido julgadas. As razões foram limitadas às questões licitatórias de devedores trabalhistas, embora, ao cabo, envolvam muitos outros temas de relevância.

---

[47] Texto disponível em: <http://www.tst.jus.br/916>. Acesso em: 23.12.2012.

[48] ADI 4.716-DF (Confederação Nacional da Indústria — CNI. Intdo.(a/s): Presidente da República e Congresso Nacional). Rel.: Min. Dias Toffoli. Disponível em: <http://www.stf.jus.br/portal/processo/verProcessoAndamento.asp?incidente=4194622>. Acesso em: 12.12.2012.

[49] ADI 4.742-DF (Confederação Nacional do Comércio de Bens, Serviços e Turismo — CNC. Intdo.(a/s): Presidente da República e Congresso Nacional). Rel.: Min. Dias Toffoli. Disponível em: <http://www.stf.jus.br/portal/processo/verProcessoAndamento.asp?incidente=4216111>. Acesso em: 12.12.2012.

O noticiário acerca da primeira registra:

A Confederação Nacional da Indústria (CNI) ajuizou Ação Direta de Inconstitucionalidade (ADI n. 4716) no Supremo Tribunal Federal (STF) para questionar a Lei n. 12.440/2011, que instituiu a Certidão Negativa de Débito Trabalhista (CNDT), tornando obrigatória sua apresentação pelas empresas interessadas em participar de procedimentos licitatórios. De acordo com a lei que inseriu tal dispositivo na CLT (Consolidação das Leis do Trabalho), a CNDT tem validade de 180 dias e certificará a empresa que não possuir débitos perante a Justiça do Trabalho.

No STF, a confederação que representa o ramo industrial brasileiro argumenta que não está se voltando contra a concepção de "um documento oficial, de caráter meramente cadastral e informativo, que retrate o andamento de demandas trabalhistas contra empresas", mas sim contra os critérios previstos na lei que resultarão na inclusão de empresas no denominado Banco Nacional de Devedores Trabalhistas (BNDT) e na negativa de fornecimento da certidão. Para a confederação, esses critérios desrespeitam os princípios constitucionais do contraditório e da ampla defesa (art. 5º, inciso LV, da Constituição).

"Sem qualquer ressalva, a lei impugnada impede a obtenção da CNDT pelas empresas que, embora sujeitas à execução de decisões transitadas em julgado, ainda estejam a lançar mão de meios processuais disponíveis para alcançar a suspensão da exigibilidade do crédito contra elas cobrado, principalmente no período que medeia a oferta e a aceitação de garantias, ou mesmo quando essas empresas recorram à exceção de pré-executividade", salienta a CNI.

Para a CNI, a Lei n. 12.440/2011 "despreza inteiramente" a aplicação do princípio do contraditório e da ampla defesa em qualquer fase processual. "Na mesma linha de afronta constitucional encontra-se o cadastramento de empresas no Banco Nacional de Devedores Trabalhistas (BNDT), às quais se impute, mesmo sem sentença judicial transitada em julgado, o descumprimento de termos de ajustamento de conduta ou de termo firmado perante comissão de conciliação prévia", acrescenta.

A ADI questiona a exigência legal de apresentação da Certidão Negativa de Débito Trabalhista (CNDT) como requisito de participação em licitações. "Esse novel mecanismo de coerção e de cobrança de dívidas pendentes na Justiça do Trabalho, além de não se harmonizar com os princípios constitucionais já citados, esbarra nos princípios da isonomia, da livre-iniciativa e da concorrência (art. 170, IV e parágrafo único) e da licitação pública, eis que amplia indevidamente o comando do inciso XXI, do art. 37 da Constituição, criando restrição competitiva sem amparo constitucional."

A CNI pede a concessão de liminar para suspender de imediato a eficácia da Lei n. 12.440/11 até o julgamento do mérito da ADI. Pede também que, por arrastamento, o mesmo aconteça com a Resolução Administrativa n. 1470, de 24 de agosto de 2011, do Conselho Superior da Justiça do Trabalho, que regulamentou a lei. No mérito, pede que seja declarada a inconstitucionalidade das normas.[50]

Acerca da ADI n. 4.742-DF, o registro noticioso é o seguinte:

A Confederação Nacional do Comércio (CNC) ajuizou Ação Direta de Inconstitucionalidade (ADI n. 4742) no Supremo Tribunal Federal (STF), na qual pede liminar para suspender os efeitos da Lei n. 12.440/2011, que criou a Certidão Negativa de Débito Trabalhista (CNDT), tornando obrigatória sua apresentação pelas empresas interessadas em participar de procedimentos licitatórios.

A CNDT é uma espécie de certificado de que a empresa não tem débitos para com empregados e tem validade de seis meses. No mérito, a CNC pede que o STF declare a lei inconstitucional.

Para a CNC, a exigência de que as empresas apresentem certidão negativa como pré-requisito para participarem de licitações públicas contraria dispositivos constitucionais, entre eles o direito à ampla defesa e ao contraditório (art. 5º, inciso LV, da Constituição Federal). Outro argumento da CNC é o de que a lei instituiu uma "coação" às empresas em prejuízo do pleno emprego.

---

[50] Disponível em: <http://www.stf.jus.br/portal/cms/verNoticiaDetalhe.asp?idConteudo=199050>. Acesso em: 12.4.2012.

"A exigência da certidão negativa de débitos trabalhistas nada mais é do que uma forma de coagir o devedor a efetuar o pagamento, sob pena de ter prejuízos sem precedentes. Cumpre esclarecer que não estamos aqui protegendo os maus pagadores, mas sim aquela empresa que prioriza a manutenção dos empregos em detrimento de pagamento de débitos que podem ser quitados de outras formas", argumenta a CNC.

A Confederação acrescenta que há inúmeros mecanismos utilizados pela Justiça do Trabalho para proteger o trabalhador, mas nenhum deles é tão "catastrófico" quanto a CNDT, nem mesmo a "malfadada penhora on-line".

O relator da ação é o ministro Dias Toffoli, que também é relator da ADI n. 4.716, ajuizada contra a mesma lei pela Confederação Nacional da Indústria (CNI).[51]

---

[51] Disponível em: <http://www.stf.jus.br/portal/cms/verNoticiaDetalhe.asp?idConteudo=203194>. Acesso em: 12.4.2012.

2. COMPETÊNCIA

2.1. Competência. Justiça do trabalho. Representante comercial. Comissões

Foi reconhecida repercussão geral ao tema que trata da competência da Justiça do Trabalho para apreciar ações sobre cobrança de comissões entre representante comercial e a empresa representada.

O TST entende que a competência é da Justiça do Trabalho. Porém, somente quando for julgado o mérito do RE n. 606.003-RS[52], relatado pelo Min. Marco Aurélio, será definido este tema polêmico, acerca do qual tenho defendido, há alguns anos, ser da competência da Justiça especializada, e não da Justiça estadual comum[53].

O noticiário acerca do tema é o seguinte:

> O Plenário Virtual do Supremo Tribunal Federal (STF) reconheceu a existência de repercussão geral do tema em debate no Recurso Extraordinário (RE) n. 606.003, em que uma empresa do Rio Grande do Sul questiona decisão do Tribunal Superior do Trabalho (TST), que reconheceu a competência da Justiça trabalhista para julgar ações que envolvem a cobrança de comissões referentes à relação jurídica entre representante comercial e a empresa por ele representada.
>
> O TST, ao negar provimento a recurso da empresa recorrente, manteve decisão de segundo grau na qual se assentou a compe-

---

[52] RE n. 606.003-RS, de 25.5.2012 (Ferticruz Comércio e Representações Ltda. vs. Lauri Antônio do Nascimento). Rel.: Min. Marco Aurélio. Disponível em: <http://www.stf.jus.br/portal/processo/verProcessoAndamento.asp?incidente=3797518>. Acesso em: 12.12.2012.
[53] V., a respeito, o meu Relações de trabalho passíveis de apreciação pela justiça do trabalho. *Revista LTr*, São Paulo, ano 70, n. 11, nov./2006.

tência da Justiça do Trabalho para julgar ações que envolvam a cobrança de comissões oriundas de serviços de representante comercial, sob o entendimento de que a Emenda Constitucional (EC) n. 45 teria retirado da Justiça comum estadual a atribuição de examinar processos que tratem de controvérsias sobre relação de trabalho, mantendo sob a jurisdição estadual apenas as causas a ela submetidas até a publicação da mencionada EC e desde que haja sentença já prolatada.

Alegações

A autora do Recurso Extraordinário alega, entretanto, violação dos arts. 5º, incisos LIII e LXXVIII, e 114, incisos I e IX, da Constituição Federal (CF), sustentando que não existe relação de trabalho em contrato entre o representante comercial e a empresa representada, por faltar o requisito da subordinação entre uma e outra. Assim, as modificações trazidas pela EC n. 45 não alcançariam esse tipo de contrato.

No Supremo, a empresa busca que seja declarada a competência da Justiça comum estadual para apreciar a matéria.

O pedido de repercussão geral, feito pela empresa autora do RE, foi levado pelo relator do processo, ministro Marco Aurélio, para o Plenário Virtual da Suprema Corte. Ele se manifestou pela existência de repercussão geral do tema, ante a previsão de que a questão "pode repetir-se em inúmeros processos".

"A toda evidência, cumpre ao Supremo definir o alcance do texto constitucional quanto às balizas da atuação da Justiça do Trabalho", observou o relator. Ele lembrou que, enquanto a Justiça trabalhista já se declarou competente para julgar controvérsia envolvendo relação jurídica de representante e representada comerciais, a Procuradoria-Geral da República se manifestou pelo provimento do recurso especial, isto é, entendimento contrário.[54]

---

[54] Disponível em: <http://www.stf.jus.br/portal/cms/verNoticiaDetalhe.asp?idConteudo=209394>. Acesso em: 26.8.2012.

2.2. Servidor público temporário. Justiça comum[55]

O Min. Ricardo Lewandowski, a 3.9.2012, julgou a RCL n. 13.410--SC[56], na qual era questionada decisão do Juízo da 6ª Vara do Trabalho de Florianópolis em ação civil pública onde era pretendida a declaração de nulidade de contrato de trabalho para empregados admitidos sem concurso público. Segundo o reclamante teria havido ofensa ao que ficou decidido na ADI n. 3.395-MC-DF[57].

A decisão agora tomada foi no sentido fixado pela ADI n. 3.395-MC--DF, mandando os autos para a Justiça Federal ante a incompetência que, lamentavelmente, o Excelso Pretório entende existir com relação à Justiça do Trabalho.

O decisório é o seguinte:

> *Trata-se de reclamação constitucional, proposta pelo Conselho Regional de Engenharia e Agronomia de Santa Catarina — CREA-SC, contra decisão que, proferida pelo Juízo da 6ª Vara do Trabalho de Florianópolis/SC nos autos da Ação Civil Pública n. 0007188-92.2011.5.12.0036, teria desrespeitado a autoridade do acórdão prolatado pelo Plenário desta Corte no julgamento da ADI n. 3.395-MC/DF, Rel. Min. Cezar Peluso.*
>
> *O reclamante narra que o Ministério Público do Trabalho propôs a referida ação civil pública a fim de que fosse declarada a nulidade de contratos de trabalho de empregados admitidos sem prévia aprovação em concurso público, salvo de ocupantes de cargos em comissão, bem como de "todos os enquadramentos (transposições, transferências, ascensões, acessos, progressões, promoções funcionais etc.) efetuadas a partir de 18.5.2001 em cargos/empregos diversos daqueles para os quais os empregados foram inicialmente contratados antes daquela data (...), com o retorno desses empregados a seus cargos/empregos originários".*

---

[55] V., sobre o tema, nesta coletânea, v. 3, p. 76, v. 11, p. 114 e v. 13, p. 129.
[56] RCL n. 13.410-SC, de 3.9.2012 (Conselho Regional de Engenharia e Agronomia de Santa Catarina — CREA/SC vs. Juiz do Trabalho da 6ª Vara do Trabalho de Florianópolis. Intdo.: Ministério Público do Trabalho). Rel.: Min. Ricardo Lewandowski.
[57] Sobre a ADI n. 3.395-DF, v. nesta coletânea, v. 9, p. 94 e v. 10, p. 95.

Relata que, após a denegação do benefício do prazo em quádruplo para o oferecimento de contestação e a decretação de sua revelia, a mencionada ação foi julgada parcialmente procedente pela autoridade judiciária ora reclamada, com a declaração de irregularidade de contratações efetuadas e de reenquadramentos em cargos diversos daqueles em que os empregados haviam sido originariamente admitidos.

Noticia que a sentença ora examinada ainda determinou a manutenção dos empregados contratados "até a realização de novo concurso para admissão de pessoal ou, ainda, até contratação de eventuais aprovados em concurso anterior", bem como o imediato retorno dos empregados reenquadrados aos cargos originariamente ocupados, sob pena de aplicação de multa diária.

O reclamante sustenta, em síntese, que o referido decisum *afronta diretamente o que decido na ADI n. 3.395-MC/DF, pois a competência para a apuração de eventual nulidade de atos administrativos de admissão de pessoal por ele praticados, geradores de vínculo jurídico-administrativo, seria exclusiva da Justiça Comum Federal.*

Requer, dessa forma, a suspensão liminar do ato decisório ora contestado, "haja vista ser o mesmo incompetente para declarar nulos os atos administrativos do vínculo jurídico-administrativo", e, no mérito, a procedência do pedido, "para que a matéria seja novamente examinada por um dos Juízes da Vara Federal de Florianópolis, legitimados e competentes para analisar o feito".

Requisitadas informações, prestou-as o magistrado responsável pelo Juízo reclamado (Petição STF n. 17.628/2012), noticiando que, após a prolatação da sentença ora atacada, houve o parcial acolhimento de embargos declaratórios interpostos pelas partes e, posteriormente, a interposição de recursos ordinários dirigidos ao Tribunal Regional do Trabalho da 12ª Região.

Em consulta disponível no sítio eletrônico do TRT da 12ª Região, verifico que os referidos recursos ordinários encontram-se pautados para julgamento pela 2ª Turma daquela Corte trabalhista.

É o relatório necessário.

Decido.

Consigno, inicialmente, que deixo de ouvir a Procuradoria Geral da República, uma vez que, em diversos outros casos que versavam sobre essa mesma questão, manifestou-se o Parquet *pela procedência da reclamação. Nesse sentido, cito, entre outros, os seguintes processos: Rcl n. 8.088/BA, Rcl n. 8.576/GO e Rcl n. 8.737/RN, todos de minha relatoria.*

Relevante, ademais, anotar que o reclamante é conselho de fiscalização profissional que possui, de acordo com a jurisprudência consolidada deste Tribunal, sobretudo a partir do julgamento do MS n. 22.643/SC, Rel. Min. Moreira Alves, e da ADI n. 1.717/DF, Rel. Min. Sydney Sanches, a natureza jurídica de autarquia federal. Possui, assim, personalidade jurídica de direito público, tem suas contas submetidas ao controle do Tribunal de Contas da União e exerce atividade típica de Estado, com autonomia administrativa e financeira, dotada dos poderes de polícia, de tributar e de punir, que não pode ser delegada.

Além disso, julgados recentes desta Corte não deixam dúvidas de que os conselhos de fiscalização profissional submetem-se, para a contratação de pessoal, à exigência de realização de concurso público prevista no art. 37, II, da Constituição Federal. Veja-se, por exemplo, a recente decisão proferida no RE n. 700.098/DF, Rel. Min. Cármen Lúcia, e os acórdãos prolatados no RE n. 661.947-AgR/PB, de minha relatoria, e no RE n. 539.224/CE, Rel. Min. Luiz Fux, este último assim ementado:

"ADMINISTRATIVO. RECURSO EXTRAORDINÁRIO. CONSELHO DE FISCALIZAÇÃO PROFISSIONAL. EXIGÊNCIA DE CONCURSO PÚBLICO. ART. 37, II, DA CF. NATUREZA JURÍDICA. AUTARQUIA. FISCALIZAÇÃO. ATIVIDADE TÍPICA DE ESTADO.

1. Os conselhos de fiscalização profissional, posto autarquias criadas por lei e ostentando personalidade jurídica de direito público, exercendo atividade tipicamente pública, qual seja, a fiscalização do exercício profissional, submetem-se às regras encartadas no art. 37, inciso II, da CB/88, quando da contratação de servidores.

2. Os conselhos de fiscalização profissional têm natureza jurídica de autarquias, consoante decidido no MS

n. 22.643, ocasião na qual restou consignado que: (i) estas entidades são criadas por lei, tendo personalidade jurídica de direito público com autonomia administrativa e financeira; (ii) exercem a atividade de fiscalização de exercício profissional que, como decorre do disposto nos arts. 5º, XIII, 21, XXIV, é atividade tipicamente pública; (iii) têm o dever de prestar contas ao Tribunal de Contas da União.

3. A fiscalização das profissões, por se tratar de uma atividade típica de Estado, que abrange o poder de polícia, de tributar e de punir, não pode ser delegada (ADI n. 1.717), excetuando-se a Ordem dos Advogados do Brasil (ADI n. 3.026).

(...)

5. Recurso Extraordinário a que se dá provimento".

Contudo, o Supremo Tribunal Federal, por meio de diversas decisões, tem asseverado que o processamento, na Justiça do Trabalho, de litígios envolvendo eventuais irregularidades do vínculo estabelecido entre empregados e o Poder Público afronta a decisão do Plenário desta Corte, proferida na ADI n. 3.395-MC/DF, Rel. Min. Cezar Peluso, cujo acórdão está assim ementado:

"INCONSTITUCIONALIDADE. Ação direta. Competência. Justiça do Trabalho. Incompetência reconhecida. Causas entre o Poder Público e seus servidores estatutários. Ações que não se reputam oriundas de relação de trabalho. Conceito estrito desta relação. Feitos da competência da Justiça Comum. Interpretação do art. 114, inc. I, da CF, introduzido pela EC n. 45/2004. Precedentes. Liminar deferida para excluir outra interpretação. O disposto no art. 114, I, da Constituição da República, não abrange as causas instauradas entre o Poder Público e servidor que lhe seja vinculado por relação jurídico-estatutária."

Nessa linha, cito a Rcl 5.381/AM, Rel. Min. Ayres Britto, que recebeu a ementa abaixo transcrita:

"CONSTITUCIONAL. RECLAMAÇÃO. MEDIDA LIMINAR NA ADI n. 3.3[95]. AÇÃO CIVIL PÚBLICA. SERVIDO-

RES PÚBLICOS. REGIME TEMPORÁRIO. JUSTIÇA DO TRABALHO. INCOMPETÊNCIA.

1. No julgamento da ADI n. 3.395-MC, este Supremo Tribunal suspendeu toda e qualquer interpretação do inciso I do art. 114 da CF (na redação da Emenda n. 45/2004) que inserisse, na competência da Justiça do Trabalho, a apreciação de causas instauradas entre o Poder Público e seus servidores, a ele vinculados por típica relação de ordem estatutária ou de caráter jurídico-administrativo.

2. Contratações temporárias que se deram com fundamento na Lei amazonense n. 2.607/00, que minudenciou o regime jurídico aplicável às partes figurantes do contrato. Caracterização de vínculo jurídico-administrativo entre contratante e contratados.

3. Procedência do pedido.

4. Agravo regimental prejudicado".

Ressalto, ademais, que a discussão quanto à eventual nulidade do vínculo firmado pelo reclamante na admissão de pessoal não afasta a competência da Justiça comum, conforme foi observado no julgamento plenário da Rcl n. 4.069-MC-AgR/PI, Red. do acórdão Min. Dias Toffoli, cuja ementa foi assim lavrada:

"*Agravo regimental na medida cautelar na reclamação — Administrativo e Processual Civil — Ação civil pública — Vínculo entre servidor e o poder público — Contratação temporária — ADI n. 3.395/DF-MC — Cabimento da reclamação — Incompetência da Justiça do Trabalho.*

1. A reclamação é meio hábil para conservar a autoridade do Supremo Tribunal Federal e a eficácia de suas decisões e súmulas vinculantes. Não se reveste de caráter primário ou se transforma em sucedâneo recursal quando é utilizada para confrontar decisões de juízos e tribunais que afrontam o conteúdo do acórdão do STF na ADI n. 3.395/DF-MC.

2. Compete à Justiça comum pronunciar-se sobre a existência, a validade e a eficácia das relações entre servidores e o poder público fundadas em vínculo jurídico-administrativo. É irrelevante a argumentação de que o contrato é temporário ou precário, ainda que haja sido extrapolado seu prazo inicial, bem assim se o liame decorre de ocupação de cargo comissionado ou função gratificada.

3. Não descaracteriza a competência da Justiça comum, em tais dissídios, o fato de se requerer verbas rescisórias, FGTS e outros encargos de natureza símile, dada a prevalência da questão de fundo, que diz respeito à própria natureza da relação jurídico-administrativa, posto que desvirtuada ou submetida a vícios de origem, como fraude, simulação ou ausência de concurso público. Nesse último caso, ultrapassa o limite da competência do STF a investigação sobre o conteúdo dessa causa de pedir específica.

4. Agravo regimental provido e, por efeito da instrumentalidade de formas e da economia processual, reclamação julgada procedente, declarando-se a competência da Justiça comum" (grifos meus).

Cito, no mesmo sentido, as seguintes decisões monocráticas: Rcl n. 5.884/SC, Rcl n. 6.058/AM e Rcl n. 9.176/SP, todas de relatoria da Min. Cármen Lúcia; Rcl n. 9.410/SP, Rel. Min. Gilmar Mendes; Rcl n. 9.935/DF, Rel. Min. Luiz Fux; e Rcl n. 13.726/SP, Rel. Min. Celso de Mello.

Isso posto, julgo procedente o pedido formulado nesta reclamação para declarar a incompetência da Justiça Trabalhista para o processamento e o julgamento da Ação Civil Pública n. 0007188-92.2011.5.12.0036, atualmente em trâmite no Tribunal Regional do Trabalho da 12ª Região, cassar todos os atos decisórios proferidos até o momento e determinar a remessa dos autos à Seção Judiciária de Santa Catarina da Justiça Comum Federal da 4ª Região.

Fica prejudicada, por conseguinte, a apreciação do pedido de medida liminar formulado na peça inicial, bem como a apreciação do pedido de ingresso no feito constante da Petição STF n. 44.637/2012.

Comuniquem-se, com urgência, inclusive por meio de fac--símile, o Juízo da 6ª Vara do Trabalho de Florianópolis/SC, o

Presidente do Tribunal Regional do Trabalho da 12ª Região e a Relatora dos recursos ordinários interpostos nos referidos autos, Desembargadora Mari Eleda Migliorini.

Arquivem-se estes autos.

Publique-se.[58]

---

[58] Disponível em: <http://www.stf.jus.br/portal/processo/verProcessoAndamento.asp?incidente=4211700>. Acesso em: 23.12.2012.

3. EMBARGOS À EXECUÇÃO. PRAZO PARA OPOSIÇÃO[59]

O Min. Celso de Mello, relator da RCL n. 13.132-RN[60], por decisão monocrática de 15.2.2012, negou seguimento à reclamação, prejudicado o exame do pedido da liminar, quando era pretendida a sustação de execução contra o Instituto de Previdência dos Servidores do Estado do Rio Grande do Norte.

O instituto reclamante baseou seu pedido na decisão do Excelso Pretório na ADC n. 11-MC-DF, que suspendeu, em sede de liminar, processos trabalhistas em tramitação em que se discute a constitucionalidade do art. 1º-B da Lei n. 9.494/97, modificado pela Medida Provisória n. 2.180-35, de 2001, que ampliou de 10 para 30 dias o prazo do art. 730, *caput*, do CPC, que cuida de execução por quantia certa contra a Fazenda Pública, para interposição de embargos.

Considerando entender que o remédio adotado visado ser sucedâneo de recurso ou de ação rescisória, o relator negou a pretensão, consoante se verifica da decisão abaixo:

> *Trata-se de reclamação*, *com pedido de medida liminar*, **na qual se alega** *que o ato judicial ora questionado* — **emanado** *do E. Tribunal Superior do Trabalho* — **teria desrespeitado** *a autoridade da decisão que esta Suprema Corte* **proferiu** *no julgamento da* **ADC 11-MC/DF**, *Rel. Min. CEZAR PELUSO.*
>
> *Ocorre, no entanto, que* **as informações** *prestadas pelo E. Tribunal Superior do Trabalho* **evidenciam que** *"o trânsito em*

---

[59] V., sobre prazos para União embargar execução, nesta coletânea, v. 13, p. 133.
[60] RCL n. 13.132- RN, de 15.2.2012 (Instituto de Previdência dos Servidores do Estado do Rio Grande do Norte — IPERN *vs.* Tribunal Superior do Trabalho. Intdo.: Sindicato dos Servidores da Administração Indireta do Estado do Rio Grande do Norte). Rel.: Min. Celso de Mello.

julgado da decisão do processo n. 142300-21.2006.5.21.0921 ocorreu em 4.11.2008", momento anterior, portanto, ao ajuizamento desta reclamação.

Por tal motivo, torna-se **inviável a admissibilidade** do presente instrumento reclamatório.

É que, como se sabe, **a ocorrência** do fenômeno da "res judicata" **assume indiscutível relevo** de ordem formal no exame dos **pressupostos** de constituição **e** de desenvolvimento da relação processual decorrente da instauração da via reclamatória.

A jurisprudência do Supremo Tribunal Federal, **embora reconhecendo cabível** a reclamação **contra** decisões judiciais, **tem ressaltado** revelar-se **necessário**, para esse **específico** efeito, que o ato decisório impugnado **ainda não haja** transitado em julgado.

Essa é a razão pela qual se tem acentuado, **na linha** da orientação jurisprudencial **firmada** pelo Supremo Tribunal Federal, **que o cabimento** da reclamação, **contra** decisões judiciais, **pressupõe** que o ato decisório por ela impugnado **ainda não tenha** transitado em julgado (**Rcl 2.347/SP**, Rel. Min. CELSO DE MELLO — **Rcl 3.505/ES**, Rel. Min. CELSO DE MELLO, v. g.), **eis que a situação de plena recorribilidade** qualifica-se, em tal contexto, **como exigência inafastável e necessária** à própria admissibilidade da via reclamatória (**RTJ n. 132/620**, Rel. Min. SEPÚLVEDA PERTENCE — **RTJ n. 142/385**, Rel. Min. MOREIRA ALVES):

"**A EXISTÊNCIA DE COISA JULGADA IMPEDE A UTILIZAÇÃO DA VIA RECLAMATÓRIA.**

— **Não cabe reclamação**, quando a decisão por ela impugnada **já transitou em julgado**, eis que esse meio de preservação da competência **e** de garantia da autoridade decisória dos pronunciamentos do Supremo Tribunal Federal — embora **revestido** de natureza constitucional (**CF**, art. 102, I, 'e') — **não se qualifica** como sucedâneo processual da ação rescisória.

— **A inocorrência** do trânsito em julgado da decisão impugnada em sede reclamatória **constitui pressuposto** *negativo de admissibilidade* da própria reclamação, eis que este instrumento processual — **consideradas** as notas que o caracterizam — **não pode** ser utilizado contra ato judicial **que se tornou irrecorrível. Precedentes."** (**RTJ 181/925**, Rel. Min. CELSO DE MELLO, **Pleno**)

Vê-se, portanto, **considerada** a diretriz jurisprudencial **prevalecente** nesta Corte, que "A reclamação **não pode** ser utilizada **como sucedâneo** de recurso **ou** de ação rescisória" (**RTJ 168/718**, Rel. Min. CARLOS VELLOSO — *grifei*).

Cabe destacar, ainda, por necessário, que esse **mesmo** entendimento **encontra-se** consubstanciado no enunciado constante **da Súmula n. 734/STF** ("**Não cabe reclamação** quando já houver **transitado em julgado** o ato judicial que se alega tenha desrespeitado decisão do Supremo Tribunal Federal" — *grifei*).

É importante ressaltar, neste ponto, por processualmente relevante, **a inadmissibilidade** da presente reclamação, **considerados** os precedentes específicos **desta** Suprema Corte, **nos quais** se examinou, **precisamente**, a questão do alegado desrespeito a julgado do Supremo Tribunal Federal (**ADI** n. 3.395-MC/DF), **analisada** tal controvérsia **na perspectiva** de decisões, que, **já transitadas** em julgado, **encontravam-se**, como no caso, **em fase** de execução (**Rcl n. 4.391/TO**, Rel. Min. GILMAR MENDES — **Rcl n. 5.528/TO**, Rel. Min. CÁRMEN LÚCIA — **Rcl n. 5.589/TO**, Rel. Min. MENEZES DIREITO — **Rcl n. 6.109-MC/TO**, Rel. Min. CELSO DE MELLO — **Rcl n. 6.214/PI**, Rel. Min. ELLEN GRACIE, v. g.).

Mostra-se importante salientar que a orientação jurisprudencial que venho de referir, **em tudo aplicável** à espécie ora em exame, **foi confirmada**, integralmente, **pelo Plenário** desta Corte Suprema (**Rcl n. 5.314-AgR/PA**, Rel. Min. RICARDO LEWANDOWSKI).

Vale reproduzir, por oportuno, **trecho** do voto do eminente Ministro RICARDO LEWANDOWSKI, **no mencionado** julgamento plenário **da Rcl n. 5.314-AgR/PA**, de que foi Relator, **pois**, em tal julgamento, **versou-se** situação processual **rigorosamente** idêntica à que ora se examina **nesta** causa:

*"**Com efeito**, nos termos consignados na decisão agravada, **verifico**, em consulta ao sítio eletrônico do Tribunal Regional do Trabalho da 8ª Região, **que a decisão** homologatória **que teria** afrontado a decisão desta Corte proferida na ADI n. 3.395-MC/DF, Rel. Min. Cezar Peluso, **foi exarada** em 11.5.2005 **e transitou em julgado** antes da propositura da presente reclamação (28.6.2007).*

Além disso**, a orientação da jurisprudência do STF **é no sentido** de que a reclamação **não pode** ser utilizada **como sucedâneo** de recurso **ou** de ação rescisória (**Rcl n. 603/RJ**, Rel. Min. Carlos Velloso; **Rcl n. 724-AgR/ES**, Rel. Min. Octavio Gallotti; **Rcl n. 1.169/PR**, Rel. Min. Sepúlveda Pertence; **Rcl n. 1.852-AgR/RN**, Rel. Min. Maurício Corrêa)." **(grifei)

*<u>**Sendo assim**</u>, em face das razões expostas, <u>**nego seguimento**</u> à presente reclamação, <u>**restando prejudicado**</u>, em consequência, <u>**o exame**</u> do pedido de medida liminar.*

*<u>**Arquivem-se**</u> os presentes autos.*

Publique-se.[61]

---

[61] Disponível em: <http://www.stf.jus.br/portal/processo/verProcessoAndamento.asp?incidente=4186974>. Acesso em: 14.12.2012.

PARTE IV

SERVIÇO PÚBLICO

1. GESTANTE. CARGO EM COMISSÃO. LICENÇA-MATERNIDADE

Importante decisão tomou a 1ª Turma do STF, no julgamento do RE n. 420.839-DF-AgR[62], relatado pelo Min. Dias Toffoli, reconhecendo que, mesmo ocupando cargo comissionado, a servidora pública gestante tem direito à licença-maternidade e à estabilidade provisória, nos termos dos arts. 7º, XVIII, c/c 39, § 3º, da Constituição, e art. 10, II, *b*, do ADCT.

A ementa do julgado é a seguinte:

Agravo regimental no recurso extraordinário. Servidora gestante. Cargo em comissão. Exoneração. Licença-maternidade. Estabilidade provisória. Indenização. Possibilidade. 1. As servidoras públicas, em estado gestacional, ainda que detentoras apenas de cargo em comissão, têm direto à licença-maternidade e à estabilidade provisória, nos termos do art. 7º, inciso XVIII, c/c o art. 39, § 3º, da Constituição Federal, e art. 10, inciso II, alínea b, do ADCT. 2. Agravo regimental não provido.[63]

---

[62] RE n. 420.839-DF-AgR, de 20.3.2012 (União *vs.* Anna Paula Senna Bastos). Rel.: Min. Dias Toffoli.
[63] Disponível em: <http://www.stf.jus.br/portal/processo/verProcessoAndamento.asp?incidente=2212509>. Acesso em: 10.12.2012.

2. SERVIDOR PÚBLICO. SALÁRIO-FAMÍLIA

Foi reconhecida, a 29.6.2012, repercussão geral ao direito de o servidor público receber salário-família, ainda que não seja de baixa renda, desde que perceba o benefício desde antes da Emenda Constitucional n. 20/98. O relator do RE n. 657.989-RS[64], Min. Marco Aurélio, citou em sua manifestação precedente da Corte, constante do RE n. 379.199-AL, relatado pelo Min. Carlos Velloso. O mérito do extraordinário não foi ainda julgado.

O noticiário da matéria é o seguinte:

> *O Plenário Virtual do Supremo Tribunal Federal (STF) reconheceu a existência de <u>repercussão geral</u> no tema debatido no Recurso Extraordinário (RE) n. 657.989, relatado pelo ministro Marco Aurélio, no qual uma servidora pública municipal questiona decisão do Tribunal de Justiça do Estado do Rio Grande do Sul (TJ-RS) que afastou o direito ao recebimento de salário-família.*
>
> *O TJ-RS, ao julgar apelação cível, deu provimento ao recurso, afastando o direito da servidora ao recebimento de salário-família desde 1º de janeiro de 1999, ante a alteração no inciso XII do art. 7º da Constituição Federal, promovida pela Emenda Constitucional n. 20/98, que impôs aos trabalhadores a necessidade de comprovar a condição de baixa renda para a concessão do benefício. Firmou, também, o entendimento de que não há direito adquirido ao auxílio, por que a servidora submete-se a regime estatutário próprio, não havendo óbice à mudança de situação jurídica anteriormente em vigor.*

---

[64] RE n. 657.989-RS, de 29.6.2012 (Márcia Addriana Hannecker Wilhelms vs Município de Novo Hamburgo). Rel.: Min. Marco Aurélio. Disponível em: <http://www.stf.jus.br/portal/processo/verProcessoAndamento.asp?incidente=4144283>. Acesso em: 12.12.2012.

A servidora pública interpôs recurso extraordinário argumentando que a decisão do TJ-RS viola os arts. 5º, inciso XXXVI, 7º, incisos XII e XXIII, e 60, da Constituição Federal, bem como a Emenda Constitucional n. 20/98. Os advogados argumentam que o entendimento do Supremo sobre o tema é pacífico, no sentido de que os servidores que ingressaram no serviço público em data anterior à entrada em vigor da referida emenda possuem direito adquirido ao benefício do salário-família. Também sustentam que o tema é relevante pois o não pagamento do salário-família aos servidores que ingressaram antes da EC n. 20 prejudicaria uma grande quantidade de cidadãos de baixa renda, que teriam direito adquirido a tal benefício.

Ao reconhecer a existência de repercussão geral na matéria, o ministro Marco Aurélio salientou que "a controvérsia pode repetir-se em inúmeros processos. Cumpre perquirir a higidez da Emenda Constitucional n. 20/98 no que veio a criar requisitos para ter-se direito ao salário-família". Ele observou, por fim, que no julgamento do agravo regimental no Recurso Extraordinário n. 379.199/AL, a Segunda Turma assentou que o salário-família é direito incorporado ao patrimônio do servidor público.[65]

---

[65] Disponível em: <http://www.stf.jus.br/portal/cms/verNoticiaDetalhe.asp?idConteudo=207887>. Acesso em: 22.5.2012.

3. SERVIDOR TEMPORÁRIO[66]. DIREITOS TRABALHISTAS

Reconhecida a repercussão geral ao tema relativa ao direito de servidores extensivos a empregados contratados para atender a necessidade temporária e excepcional do serviço público. Os direitos pretendidos pelos empregados referem-se a férias com o terço constitucional e gratificação natalina.

Trata-se de decisão tomada no ARE n. 646.000-MG[67], cujo relator é o Min. Marco Aurélio, e o noticiário a respeito aponta:

> *A extensão de direitos concedidos a servidores públicos efetivos a empregados contratados para atender necessidade temporária e excepcional do setor público será analisada pelo Supremo Tribunal Federal (STF). Por meio de votação no <u>Plenário Virtual</u>, a Corte reconheceu a existência de repercussão geral no tema, discutido no Recurso Extraordinário com Agravo (ARE) n. 646.000, interposto pelo Estado de Minas Gerais.*
>
> **O caso**
>
> *O processo envolve uma contratação feita pelo Estado de Minas Gerais, em contrato administrativo para prestação de serviços na Secretaria de Defesa do estado. A contratada exercia, de acordo com o recurso, a função de agente de administração, "que, em verdade, tratava de função na área da educação, como professora e pedagoga". A contratação ocorreu entre 10 de dezembro de 2003 e 23 de março de 2009, quando foi rescindido o último contrato, datado de 8 de fevereiro de 2009.*

---

[66] Sobre servidor temporário, v., nesta coletânea, v. 7, p. 128, v. 9, p. 111 e v. 12, p. 65.
[67] ARE n. 646.000-MG, de 19.3.2012 (Estado de Minas Gerais *vs*. Beatriz Salém da Cunha). Rel.: Min. Marco Aurélio.

Conforme os autos, durante o vínculo de trabalho, foram realizados contratos consecutivos e semestrais, sendo que, ao final, a recorrida somente recebeu as parcelas da remuneração, sem o recebimento dos demais direitos previstos pela Constituição Federal.

O Tribunal de Justiça do Estado de Minas Gerais, ao julgar a apelação cível, assentou a possibilidade de extensão do direito de férias acrescidas do terço constitucional e de 13º salário aos servidores e empregados públicos contratados na forma do art. 37, inciso IX, da CF, sob vínculo trabalhista, para atender a necessidade temporária de excepcional interesse público. Aquela corte concluiu que os direitos sociais constitucionalmente previstos seriam aplicáveis a todo trabalhador, independentemente da natureza do vínculo existente, com base no princípio da isonomia.

Porém, o Estado de Minas Gerais, autor do RE, alega que tal entendimento viola o art. 39, § 3º, da CF. Sustenta que os direitos em questão alcançariam somente servidores públicos ocupantes de cargos públicos efetivos, excluindo-se os que exercem função pública temporária.

O recorrente argumenta que o tratamento diferenciado justifica-se pela natureza do vínculo jurídico entre as partes, que seria de contrato temporário de trabalho por excepcional interesse da administração pública. Ressalta que "estão previstos todos os direitos da recorrida no referido contrato, motivo pelo qual inexigível qualquer outra parcela não constante daquele documento", acrescentando ser nesse sentido a jurisprudência do Superior Tribunal de Justiça (STJ).

Sob o ângulo da repercussão geral, o Estado de Minas Gerais salienta a relevância do tema em discussão do ponto de vista jurídico, "por estar em jogo o alcance do art. 39, § 3º, da CF". O autor do recurso também destacou a importância econômica, pois caso seja mantida, a decisão questionada "acarretaria grave prejuízo aos entes que contratam servidores e empregados públicos por prazo determinado".

Manifestação

"A controvérsia é passível de repetir-se em inúmeros casos, possuindo repercussão social que se irradia considerada a

Administração Pública", avaliou o relator da matéria, ministro Marco Aurélio. Para ele, cabe ao Supremo definir o alcance do disposto no art. 37, inciso IX, da Constituição Federal *"presentes aqueles que são arregimentados por meio de vínculo trabalhista ante necessidade temporária e excepcional do setor público".*

Dessa forma, o ministro Marco Aurélio admitiu a existência de repercussão geral no caso. O Plenário Virtual da Corte acompanhou o entendimento do relator por maioria dos votos.[68]

Em sua decisão de 19.3.2012, o Ministro relator proveu o agravo e mandou processar o recurso extraordinário, nos seguintes termos:

> SERVIDOR E EMPREGADO PÚBLICOS — CONTRATO CELEBRADO PARA ATENDER NECESSIDADE TEMPORÁRIA DE EXCEPCIONAL INTERESSE PÚBLICO — DIREITO A FÉRIAS ACRESCIDAS DO TERÇO CONSTITUCIONAL E 13º SALÁRIO — ART. 37, INCISO IX, DA CONSTITUIÇÃO FEDERAL — MATÉRIA CONSTITUCIONAL — AGRAVO PROVIDO.
>
> 1. Discute-se, na espécie, a possibilidade de extensão do direito de férias acrescidas do terço constitucional e de 13º salário aos servidores e empregados públicos contratados na forma do art. 37, inciso IX, da Carta Federal, sob vínculo trabalhista, para atender a necessidade temporária de excepcional interesse público, à luz do princípio da isonomia. Assentou o Tribunal de Justiça do Estado de Minas Gerais (folhas 345 e 346):
>
> > Com efeito, de ser anotado que o § 3º do art. 39 da Constituição Federal, com a redução dada pela EC n. 19/98, determina a aplicabilidade aos servidores ocupantes de cargo público dos direitos sociais previstos no art. 7º, incisos IV, VII, VIII, IX, XII, XIII, XV, XVI, XVII, XVIII, XIX, XX, XXII e XXX, sendo certo que, enquanto direitos fundamentais, são imutáveis e de observância obrigatória.
> >
> > Trata-se de direito social de todo o trabalhador, consagrado no texto da Constituição Federal e estendido aos contratados na

---

[68] Disponível em: <http://www.stf.jus.br/portal/cms/verNoticiaDetalhe.asp?idConteudo=209503>. Acesso em: 26.8.2012.

forma do inciso IX, do art. 37 da Constituição da República, sob vínculo trabalhista, para atender a necessidade temporária de excepcional interesse público.

2. O agravante, no extraordinário interposto com alegada base na alínea "a" do permissivo constitucional, assevera ser devido o direito à percepção de férias acrescidas do terço constitucional e 13º salário somente aos servidores ocupantes de cargos públicos, não alcançando os que exercem função pública temporária. Salienta justificar-se o tratamento diferenciado pela natureza do vínculo jurídico entre as partes, que seria de contrato administrativo temporário de trabalho por excepcional interesse da administração pública.

O tema, de índole constitucional, está a merecer o crivo do Colegiado Maior.

3. Em face da excepcionalidade do quadro, conheço deste agravo e o provejo. Deem sequência ao extraordinário.

4. Publiquem.[69]

---

[69] Disponível em: <http://www.stf.jus.br/portal/processo/verProcessoAndamento.asp?incidente=4096595>. Acesso em: 12.12.2012.

PARTE V

PREVIDÊNCIA SOCIAL

1. APOSENTADORIA DE SERVIDOR CELETISTA. REVISÃO DE PROVENTOS

A servidor celetista aposentado e a seus pensionistas não se aplica a regra da revisão de proventos na mesma proporção e na mesma data em que for modificada a remuneração dos servidores em atividade, que só caberia se fosse estatutário. A decisão foi tomada no julgamento do RE n. 627.294-PE[70], a 21.9.2012, sendo relator o Min. Luiz Fux.

O noticiário a respeito indica:

As regras previstas na redação original dos §§ 4º e 5º do art. 40 da Constituição Federal (texto anterior à Emenda Constitucional n. 20/98), que tratam do pagamento e revisão de proventos de aposentadoria de servidor e de pensão a seus dependentes, não se aplicam a servidores celetistas que se aposentaram ou faleceram antes do advento da Lei n. 8.112/90, que dispõe sobre regime jurídico dos servidores públicos civis da União, das autarquias e das fundações públicas federais. Esse entendimento do Supremo Tribunal Federal (STF) foi reafirmado no julgamento do Recurso Extraordinário (RE) n. 627.294, por meio de votação no Plenário Virtual.

Como o processo teve repercussão geral reconhecida, a jurisprudência dominante na Corte sobre a matéria será aplicada a todos os processos idênticos em trâmite nos tribunais brasileiros.

O ministro-relator do caso, Luiz Fux, afirmou que a questão merece receber status de repercussão geral porque apresenta relevância "do ponto de vista econômico, político, social e jurídico, ultrapassando os interesses subjetivos da causa, uma vez que as aposentadorias/pensões dos que se encontram abarcados pelas

---

[70] RE n. 627.294-PE, 21.9.2012 (Instituto Nacional de Seguro Social — INSS vs. Maria José de Lima Barros). Rel.: Min. Luiz Fux.

regras do regime anterior à Carta da República e à Lei n. 8.112/90 abrangem quantidade significativa de servidores, necessitando o pronunciamento desta Corte".

Ele citou decisões do STF no sentido de que as regras previstas na redação original dos §§ 4º e 5º do art. 40 da Constituição Federal apenas se destinam a servidores públicos estatutários [e a pensionistas destes], assegurando-lhes a revisão de proventos na mesma proporção e na mesma data em que fosse modificada a remuneração dos servidores em atividade.

A controvérsia começou quando uma pensionista ingressou com um mandado de segurança pedindo que o valor da sua pensão fosse atualizado com base nos valores pagos aos servidores que passaram à condição de estatutários, a partir da promulgação da Constituição e, depois, com advento da Lei n. 8.112/90. Como seu pleito foi acolhido em primeira e segunda instâncias, o Instituto Nacional do Seguro Social (INSS) interpôs o RE no Supremo.

Nele, o INSS afirma que a pensão é regida pelas normas vigentes à época da sua concessão e que a redação original dos §§ 4º e 5º do art. 40 da Constituição Federal somente se aplicam à pensão de servidores estatutários, jamais à dos celetistas. Os dispositivos constitucionais determinam que os recursos financeiros vindos da aposentadoria serão revistos "sempre que se modificar a remuneração dos servidores em atividade" e "estendidos aos inativos quaisquer benefícios ou vantagens posteriormente concedidos aos servidores em atividade" (art. 40, § 4º) e que o benefício advindo de pensão por morte "corresponderá à totalidade dos vencimentos ou proventos do servidor falecido, até o limite estabelecido em lei" (art. 40, § 5º), observando as determinações do 4º parágrafo.

Regimento Interno

O art. 323-A do Regimento Interno do STF (RISTF) autoriza o julgamento de mérito, por meio eletrônico, de questões com repercussão geral nos casos de reafirmação da jurisprudência dominante da Corte. O dispositivo foi incluído no RISTF em 2010, por meio da Emenda Regimental n. 42.[71]

---

[71] Disponível em: <http://www.stf.jus.br/portal/cms/verNoticiaDetalhe.asp?idConteudo=225605>. Acesso em: 10.12.2012.

A ementa do aresto é:

> *Recurso extraordinário. Constitucional. Previdenciário. Pensão. Servidor Público. Falecimento.*
>
> *Antes da promulgação da Carta de 1988, consequentemente, antes da edição da Lei n. 8.112/90. Revisão de proventos Equivalência. Artigo 40, § 4º, na redação anterior à EC n. 20/98. Impossibilidade. Manifestação pela repercussão geral. Reafirmação da jurisprudência. Provimento do recurso.*[72]

---

[72] Disponível em: <http://www.stf.jus.br/portal/processo/verProcessoAndamento.asp?incidente=3920556>. Acesso em: 10.12.2012.

2. CONTRIBUIÇÃO SOCIAL. COOPERATIVAS DE TRABALHO[73]

O Plenário Virtual do STF reconheceu, a 3.2.2012, a existência de repercussão geral ao tema relativo a pagamento de contribuição social por cooperativas de trabalho. A questão é objeto do RE n. 597.315-RJ[74], em que é relator o Min. Joaquim Barbosa. O tema foi assim noticiado:

> O Supremo Tribunal Federal (STF) reconheceu, por meio de deliberação do Plenário Virtual, a repercussão geral do debate acerca do pagamento de contribuição destinada ao custeio da Seguridade Social pelas cooperativas de trabalho. O pronunciamento da Corte sobre a matéria ocorrerá no julgamento do Recurso Extraordinário (RE) 597315, que tem como recorrente uma cooperativa de profissionais do Rio de Janeiro e, como recorrida, a União.
>
> De acordo com o inciso II do art. 1º da Lei Complementar (LC) 84/96, as cooperativas devem contribuir com 15% sobre o total das quantias pagas, distribuídas ou creditadas por elas a seus cooperados, a título de remuneração ou retribuição pelos serviços prestados por seus integrantes a pessoas jurídicas, por intermédio da cooperativa. O Tribunal Regional Federal da 2ª Região (com sede no Rio de Janeiro) julgou que a cobrança da contribuição não afronta princípios constitucionais.
>
> Segundo o acórdão do TRF-2, não procede o argumento da cooperativa de que a LC n. 84/96 afrontou os princípios da capacidade contributiva e da igualdade, na medida em que a norma aplicou, para as cooperativas, base de cálculo e alíquotas

---

[73] Sobre cooperativas de trabalho, v., nesta coletânea, v. 11, p. 29 e v. 13, p. 67.
[74] RE n. 597.315-RJ, de 3.2.2012 (Green Matrix Serviços — Cooperativa de Profissionais Ltda. vs. União). Rel.: Min. Joaquim Barbosa. Disponível em: <http://www.stf.jus.br/portal/processo/verProcessoAndamento.asp?incidente=2663132>. Acesso em: 14.12.2012.

diferenciadas em relação às empresas em geral, o que garante um tratamento especial. Segundo entendimento do TRF-2, o dispositivo constitucional (art. 146, inciso III, alínea c) que prevê "adequado tratamento tributário" às cooperativas não significa que elas terão imunidade.

No STF, a cooperativa alega que os valores recebidos de tomadores de seus serviços ou de adquirentes de suas mercadorias não podem ser considerados faturamento ou receita própria, na medida em que a intermediação favorável aos cooperados caracteriza-se como "ato a merecer o fomento" determinado pelo art. 146, III, c e 172, § 2º, da Constituição. Outro argumento da cooperativa é o de que a decisão do TRF-2 violou o princípio da capacidade contributiva.

Para o ministro Joaquim Barbosa, a questão tem repercussão geral. Segundo ele, a Constituição tratou expressamente do cooperativismo e das atividades sem fins lucrativos como elementos de suplementação da atividade estatal, especialmente para a superação das desigualdades regionais, fomento à geração das condições para o pleno emprego e à distribuição universal de serviços à saúde. Mas, para ele, eventuais desvios cometidos por cooperativas podem comprometer esse "propósito nobre" em razão da gravidade das consequências e da ampla difusão de tais entidades na realidade nacional.

"Há, porém, uma série de relatos de conhecimento público acerca do desvio de finalidade e do abuso de forma nesse campo de atuação. Ademais, é importante ter em mente que a atuação de entidades privilegiadas, independentemente de seu propósito nobre, pode desequilibrar condições de concorrência, de modo a prejudicar a conquista dos objetivos a que elas se propuseram", afirmou o relator. O ministro Joaquim Barbosa esclareceu que não se discute neste RE a revogação da isenção da Cofins e da Contribuição ao PIS pela MP n. 1.858/99 (tema do RE n. 598085, de relatoria do ministro Luiz Fux).[75]

---

[75] Disponível em: <http://www.stf.jus.br/portal/cms/verNoticiaDetalhe.asp?idConteudo=200028>. Acesso em: 12.4.2012.

3. GRATIFICAÇÃO DE NATAL[76]. APOSENTADOS DO EXTINTO INSTITUTO DE PREVIDÊNCIA DOS CONGRESSISTAS

A Min. Cármen Lúcia negou, a 22.2.2012, liminar no MS n. 31.906--DF[77], em que era pedido o pagamento de gratificações natalinas aos segurados do extinto Instituto de Previdência dos Congressistas (IPC). O despacho decisório tem o seguinte teor:

> MANDADO DE SEGURANÇA. ATO OMISSIVO DAS MESAS DO SENADO FEDERAL E DA CÂMARA DOS DEPUTADOS. PAGAMENTO DE GRATIFICAÇÃO NATALINA AOS SEGURADOS DO EXTINTO INSTITUTO DE PREVIDÊNCIA DOS CONGRESSISTAS — IPC. MEDIDA LIMINAR INDEFERIDA PROVIDÊNCIAS PROCESSUAIS.

Relatório

1. Mandado de segurança, com pedido de medida liminar, impetrado pela Associação dos Congressistas do Brasil — ACB, em 29.12.2011, contra ato omissivo das Mesas do Senado Federal e da Câmara dos Deputados, que teriam se recusado a determinar o pagamento da gratificação natalina aos ex-parlamentares e pensionistas segurados pelo extinto Instituto de Previdência dos Congressistas — IPC.

O caso

2. O Impetrante informa que seus associados eram segurados do Instituto de Previdência dos Congressistas — IPC, extinto pela Lei n. 9.506, de 30.11.1997, e sucedido pela União, por

---

[76] Sobre gratificação de natal para aposentados, v., nesta coletânea, v. 5, p. 135.
[77] MS n. 31.096-DF, de 22.2.2011 (Associação dos Congressistas do Brasil — ACB vs. Presidente da Mesa da Câmara dos Deputados, Presidente do Senado Federal. Lit. Pas.: União). Rel.: Min. Cármen Lúcia.

intermédio da Câmara dos Deputados e do Senado Federal, que assumiram a concessão e manutenção dos benefícios pagos aos ex-congressistas e seus pensionistas (art. 1º, da Lei n. 9.506/1997).

Afirma que, em 1º.4.2008, em defesa dos interesses de seus associados, requereu aos Presidentes do Senado Federal e da Câmara dos Deputados "*o pagamento da gratificação natalina aos congressistas inativos e pensionistas, não havendo, contudo, qualquer manifestação em relação ao pedido formulado nem a efetiva concessão da gratificação*" (fl. 6).

Destaca ter buscado, há mais de 14 anos, o reconhecimento do direito de seus substituídos à percepção do décimo terceiro salário, previsto no § 6º do art. 201 da Constituição Federal de 1988, e que "*a negativa de pagamento (...) da gratificação natalina aos substituídos e o pagamento de parcela remuneratória* [com a mesma natureza] *aos membros do Congresso Nacional (...)* [seria] *mais do que suficiente para caracterizar a ilegalidade e o abuso*" (fl. 8) praticado pelas autoridades apontadas como coatoras.

Pondera que o Instituto de Previdência dos Congressistas "*assegurou aos substituídos da ACB (ex-congressistas aposentados e pensionistas) a concessão e manutenção dos benefícios de pensão (...), auxílio-doença e auxílio-funeral, tendo a lei que o extinguiu (...) mantido todos os benefícios concedidos sob a égide do IPC, aí incluída a gratificação natalina, <u>estabelecendo, outrossim, que o Congresso Nacional editasse Resolução para sua regulamentação</u>*" (fls. 10-11, grifos nossos).

Noticia que a Assessoria Técnica da Diretoria Geral da Câmara dos Deputados teria apresentado parecer favorável ao pagamento de "*gratificação natalina — 13º salário a Congressista inativo*" (fl. 12).

Ressalta que os requisitos legais para o deferimento da medida liminar estariam presentes, "*em razão do ato ilegal praticado pelas Autoridades coatoras que os discriminam em face dos membros do Congresso Nacional (...)* [e da] *idade avançada dos substituídos (...)* [, que sofreriam] *dano irreparável ou de difícil reparação em virtude do alongado lapso temporal (...) até decisão final do writ*" (fl. 13).

Requer o julgamento prioritário desta ação, nos termos do art. 71 da Lei n. 10.741/2003, e o deferimento de medida liminar para "*determinar a concessão imediata do direito constitucional à gratificação natalina aos substituídos referente ao ano de 2011, nos termos do art. 2º, § 1º, da Lei n. 9.506/97 que estabelece o direito (...) à percepção dos mesmos valores da gratificação natalina devidos aos membros do Congresso Nacional*" (fls. 13-14).

No mérito, pede ordem de segurança para que os seus substituídos percebam a gratificação natalina "*com base na remuneração fixa paga aos membros do Congresso Nacional a título do art. 2º do Decreto Legislativo n. 7, de 1995*" (fl. 14).

3. Em 30.12.2011, o Ministro Vice-Presidente requisitou informações às autoridades apontadas como coatoras.

4. Em suas informações, prestadas em 25.1.2012, o Presidente da Câmara dos Deputados suscitou a incompetência deste Supremo Tribunal para processar e julgar a ação, pois a omissão impugnada pela Impetrante não teria sido atribuída as Mesas Diretoras do Senado Federal e da Câmara dos Deputados, mas aos Presidentes dessas Casas Legislativas, os quais teriam deixado de apreciar os requerimentos formulados. Acrescentou, ainda, que "*o objeto questionado (...) refere-se a ato de natureza tipicamente administrativa, sem qualquer relevo político, não se revelando hábil, portanto, a ser apreciado por esse* [Supremo Tribunal]" (fl. 3, Ofício n. 63/12/GP).

Ressaltou a ausência de previsão legal para o pagamento da gratificação pretendida, pois as leis que regulavam o Instituto de Previdência dos Congressistas — IPC à época da concessão dos benefícios previdenciários dos substituídos pela Impetrante não dispunham sobre o pagamento de 13º salário.

5. Em 1º.2.2012, determinei à Impetrante que comprovasse o recolhimento das custas e regularizasse sua representação processual (DJe 8.2.2012), o que foi atendido em 17.2.2012.

6. Em 17.2.2012, a União requereu seu ingresso no feito, nos termos do art. 7º, inc. II, da Lei n. 12.016/2009.

7. Em 16.2.2012, o Presidente do Senado Federal informou que o art. 71 da Lei n. 10.741/2003 (estatuto do idoso) se aplicaria apenas a pessoas físicas e que a Impetrante precisaria ser composta exclusivamente por associados maiores de 60 (sessenta) anos para pleitear a tramitação prioritária da ação.

Ressaltou a inexistência de "*lei específica assegurando o 13º salário aos ex-congressistas e aos seus pensionistas (...)* [e que a Lei n. 9.506/1997 não traz] *qualquer previsão para o pagamento da gratificação natalina*" (fl. 3).

Menciona precedentes jurisprudenciais sobre a necessidade de lei específica para o pagamento da gratificação natalina pretendida e ressalta que a matéria foi tratada no Projeto de Resolução (CN) n. 1/1999, de iniciativa da Mesa Diretora da Câmara dos Deputados, cuja aprovação foi tornada sem efeito por "*ter extrapolado os limites da mera regulamentação, estendendo e criando benefício* [previdenciário]*, possível apenas mediante lei*" (fl. 10).

Examinados os elementos havidos nos autos, **DECIDO**.

8. O objeto do presente mandado de segurança é a suposta omissão ilegal das Mesas da Câmara dos Deputados e do Senado Federal em determinar o pagamento de gratificações natalinas aos segurados do extinto Instituto de Previdência dos Congressistas — IPC.

Os Impetrantes alegam, em síntese, que teriam direito líquido e certo ao recebimento da gratificação natalina, em idênticos moldes ao que vem sendo pago aos membros do Congresso Nacional, e que as autoridades apontadas como coatoras seriam omissas na regulamentação do benefício.

9. Para deferir a medida liminar em mandado de segurança, o art. 7º, inc. III, da Lei n. 12.016/2009 e o § 1º do art. 203 do Regimento Interno do Supremo Tribunal exigem a conjugação de "*relevante fundamento e* [a circunstância de que] *do ato impugnado p*[ossa] *resultar a ineficácia da medida, caso deferida*", requisitos ausentes na espécie vertente.

Ao despachar este processo no período de recesso regimental, o Ministro Ayres Britto registrou:

> "*Como alegado pelo próprio impetrante 'há mais de 14 anos, a autoridade coatora promove uma verdadeira inércia*

administrativa', ou seja, a alegada omissão dos impetrados perduraria por mais de uma década. De outra, tramita no Congresso Nacional o Projeto de Resolução n. 01/1999, estendendo aos aposentados e pensionistas do IPC o direito ao décimo terceiro salário. A evidenciar que o não pagamento estaria na falta de previsão normativa e não na omissão das Mesas da Câmara dos Deputados e do Senado Federal. Fatos esses submetidos à apreciação deste nosso Supremo Tribunal Federal no MS n. 25.144, no qual não se concedeu medida liminar, estando pautado para julgamento" (grifos nossos).

Essa percepção é corroborada pela circunstância de a autora desta ação, a Associação dos Congressistas do Brasil — ACB, ter impetrado neste Supremo Tribunal o Mandado de Injunção n. 2.467, com o objetivo de ver reconhecida a omissão legislativa do Congresso Nacional na regulamentação da Lei n. 9.506/1997, que estaria impedindo o exercício do direito constitucional à percepção da gratificação natalina pelos segurados do extinto IPC.

Em 26.5.2010, a Ministra Ellen Gracie negou seguimento a ação, ao fundamento de que o mandado de injunção não seria cabível para fazer suprir lacuna ou ausência de regulamentação de direito previsto em norma infraconstitucional. Em sua decisão, destacou que a questão referente a omissão na regulamentação da Lei n. 9.506/1997 seria objeto de exame no Mandado de Segurança n. 25.144, Relator o Ministro Gilmar Mendes, incluído em pauta para julgamento pelo Plenário deste Supremo Tribunal.

10. Assim, nesse exame preliminar e precário, próprio das medidas liminares, não parece que a alegada recusa ao pagamento da gratificação natalina aos segurados do extinto Instituto de Previdência dos Congressistas — IPC consubstancie omissão ilegal ou abusiva por parte das autoridades apontadas como coatoras.

O que se tem, na espécie, é ausência de previsão legal para o pagamento pretendido pela Impetrante que, em última análise, dependeria da conclusão do processo legislativo para aprovação da Resolução n. 1/1999 ou da elaboração e aprovação de projeto de lei que regulamentasse a Lei n. 9.506/1997.

11. Diferentemente do que sugerido na inicial deste mandado de segurança, a idade avançada de parte dos ex-congressistas e pensionistas substituídos pela Impetrante não é suficiente para evidenciar o risco de ineficácia da medida se for deferida apenas ao final do processo, apenas realça a necessidade de tramitação prioritária desta ação constitucional. Assim, **defiro o pedido de prioridade**, nos termos do art. 71 da Lei n. 10.741/2003.

Não é demasiado recordar que, embora disponha de natureza alimentar, a gratificação em questão não compõe os proventos dos substituídos do Impetrante há mais de 14 anos. Não há nos autos, portanto, elemento que justifique a modificação do estado de coisas atual, em especial porque a mesma questão é objeto de cuidado deste Supremo Tribunal em mandado de segurança pautado para julgamento.

12. Pelo exposto, sem prejuízo de reapreciação da matéria no julgamento do mérito, **indefiro a medida liminar requerida** (art. 7º, inc. III, da Lei n. 12.016/2009).

13. Defiro o pedido de ingresso da União no feito e sua intimação para atos processuais ulteriores.

À Secretaria Judiciária, para providências.

14. Na sequência, vista ao Procurador-Geral da República (art. 12 da Lei n. 12.016/2009 e art. 52, inc. IX, do Regimento Interno do Supremo Tribunal Federal).

Publique-se.[78]

---

[78] Disponível em: <http://www.stf.jus.br/portal/processo/verProcessoAndamento.asp?incidente=4187142>. Acesso em: 12.12.2012.

4. PREVIDÊNCIA COMPLEMENTAR PRIVADA. FILIAÇÃO NÃO OBRIGATÓRIA

É facultativa, não obrigatória portanto, a filiação a entidade de previdência privada complementar. Foi assim que decidiu o Min. Gilmar Mendes, ao negar seguimento, a 28.2.2012, à RCL n. 11.218-PR[79].

O noticiário sobre o tema é o seguinte:

> *O ministro do Supremo Tribunal Federal (STF) Gilmar Mendes negou seguimento (arquivou) à Reclamação (RCL) n. 11.218, que buscava reverter decisão do Juízo da 11ª Vara Cível do Foro Central da Comarca da Região Metropolitana de Curitiba, que considerou inconstitucional dispositivo de lei estadual do Paraná que tornava obrigatória a filiação de escrivães, notários e registradores não remunerados pelos cofres públicos à Carteira de Previdência Complementar da categoria (Conprevi).*
>
> *A filiação obrigatória foi instituída pela Lei Estadual n. 7.567/1982, alterada pela Lei Estadual n. 12.830/2000. A decisão de primeiro grau foi mantida por órgão fracionário do Tribunal de Justiça do Estado do Paraná (TJ-PR), sob o fundamento de que a lei mencionada viola o princípio constitucional da livre associação, previsto no art. 202 da Constituição Federal (CF), ante o caráter complementar e a natureza privada das entidades de previdência privada. Foi contra essa decisão que a mencionada Carteira de Previdência se pronunciou na Reclamação (RCL) 11218, ajuizada no STF e agora arquivada.*

---

[79] RCL n. 11.218-PR, de 28.2.2012 (Carteira de Previdência Complementar dos Escrivães, Notários e Registradores — CONPREVI *vs.* Juízo da 11ª Vara Civil do Foro Central da Comarca da Região Metropolitana de Curitiba). Rel.: Min. Gilmar Mendes.

Decisão

A reclamação foi proposta sob a alegação de que a decisão impugnada do TJ-PR iria de encontro à Súmula Vinculante n. 10 da Suprema Corte, segundo a qual "viola a cláusula de reserva de plenário (CF, art. 97) a decisão de órgão fracionário de tribunal que, embora não declare expressamente a inconstitucionalidade de lei ou ato normativo do Poder Público, afasta a sua incidência no todo ou em parte".

Ao decidir, o ministro observou, inicialmente, que o juízo prolator da decisão monocrática atacada não está sujeito ao princípio da reserva de plenário, prevista no art. 97 da CF e na Súmula Vinculante n. 10. Entretanto, como a decisão foi ratificada por órgão fracionário do TJ-PR, o ministro recebeu a Reclamação também contra esse ato (do TJ-PR). Contudo, determinou o arquivamento da ação, tendo em vista que a súmula não se aplica quando há precedente do plenário (ou órgão especial) do tribunal prolator da decisão ou do próprio Supremo Tribunal Federal sobre o tema, em conformidade com o disposto no art. 481, § 1º, do Código de Processo Civil (CPC).

Quanto à obrigatoriedade ou não de filiação obrigatória a regime de previdência complementar de caráter privado, o ministro citou diversos precedentes do Plenário do STF quanto ao caráter não obrigatório. Nesse contexto, citou as ADIs ns. 3.464 e 1.416.[80]

Trata-se, como se observa, de importante decisão que afasta expressivo ônus que seria atribuído aos trabalhadores que já respondem pela contribuição social obrigatória. A decisão ministerial, na íntegra, é a seguinte:

Trata-se de reclamação constitucional, com pedido de medida liminar, proposta pela CARTEIRA DE PREVIDÊNCIA COMPLEMENTAR DOS ESCRIVÃES, NOTÁRIOS E REGISTRADORES (CONPREVI), contra decisão do Juízo da 11ª Vara Cível de Curitiba-PR que, ao afastar a aplicação da Lei n. 7.567/1982 do Estado do Paraná, teria violado a Súmula Vinculante n. 10 desta Corte.

---

[80] Disponível em: <http://www.stf.jus.br/portal/cms/verNoticiaDetalhe.asp?idConteudo=201795>. Acesso em: 12.4.2012.

Em virtude do afastamento da referida norma, a reclamante informa que foi proferida sentença para declarar nulo o ato de filiação obrigatória do Sr. FERNANDO MACEDO GUIMARÃES ao sistema de previdência comandado por ela e, em consequência, a CONPREVI foi condenada a restituir todos os valores pagos a título de contribuição.

Contra essa decisão foi interposta apelação, entretanto o Tribunal de Justiça do Estado do Paraná, por órgão fracionário, manteve a condenação, em acórdão assim fundamentado:

"Com efeito, a filiação obrigatória à previdência privada da CONPREVI, instituída pela Lei n. 7.567/1982, e parcialmente modificada pela Lei Estadual n. 12.830/2000, viola o princípio constitucional da livre associação, atendendo dispositivos constitucionais, ante o caráter complementar e a natureza privada das entidades de previdência privada.

A Constituição Federal, ao tratar do regime de previdência complementar disciplinou a natureza e a voluntariedade da contribuição à previdência privada, de caráter complementar e facultativo, senão vejamos:

'Art. 202. O regime de previdência privada, de caráter complementar e organizado de forma autônoma em relação ao regime geral de providência social, será facultativo, baseado na constituição de reservas que garantam o benefício contratado, e regulado por lei complementar'.

A CONPREVI, como consta do art. 1º da Lei Estadual n. 7.567/82 modificado pelo art. 1º da Lei n. 12.830/2000, também de âmbito estadual, tem definida sua funcionalidade nos seguintes termos:

'Art. 1º Fica alterada a denominação da Carteira de Previdência dos Servidores do Poder Judiciário, criado pela Lei n. 7.567, de 8 de janeiro de 1982, para Carteira de Previdência Complementar dos Escrivães, Notários e Registradores, não remunerados pelos cofres públicos, com autonomia financeira, patrimônio próprio, administrada pelo Conselho de Previdência Complementar — CONPREVI, e regido por esta lei'.

E, sendo a CONPREVI entidade de natureza privada, dotada de autonomia administrativa, financeira e tendo patrimônio próprio, por certo que a imposição de contribuição compulsória ao Autor mostra-se indevida, pois a contrario sensu, não se trata de previdência oficial, que estatui o regime obrigatório das contribuições dos servidores públicos".

É o breve relatório.

Dispenso a remessa dos autos à Procuradoria-Geral da República, por entender que o processo já está em condições de julgamento (art. 52, parágrafo único, RISTF).

Decido.

Inicialmente, registro que a Reclamação foi ajuizada contra ato do Juízo da 11ª Vara Cível de Curitiba-PR, órgão jurisdicional singular não sujeito ao princípio da reserva de plenário.

Tendo em vista, entretanto, que a decisão impugnada foi mantida por órgão fracionário do Tribunal de Justiça do Estado do Paraná, recebo esta reclamação como insurgência também contra este ato.

Ainda assim, melhor sorte não assiste à reclamante.

Registro que a Súmula Vinculante n. 10 não se aplica quando há precedente do plenário (ou órgão especial) do tribunal prolator da decisão ou deste Supremo Tribunal Federal sobre o tema, nos termos do que dispõe o art. 481, § 1º, do Código de Processo Civil:

"Art. 481. [...]

Parágrafo único. Os órgãos fracionários dos tribunais não submeterão ao plenário, ou ao órgão especial, a arguição de inconstitucionalidade, quando já houver pronunciamento destes ou do plenário do Supremo Tribunal Federal sobre a questão."

Embora o acórdão reclamado não tenha se desincumbido do ônus de indicar a existência de precedente deste Supremo Tribunal Federal, consigno que esta Corte já teve a oportunidade de apreciar o tema referente a ato normativo local que torna *obrigatória filiação ou adesão a regime de previdência privada de caráter complementar. Cito os seguintes precedentes desta Corte: Ação Direta de Inconstitucionalidade n. 3.464, Rel. Min. Menezes Direito, Tribunal Pleno, DJe 6.3.2009; Ação Direta de Inconstitucionalidade n. 1.416, de minha relatoria, Tribunal Pleno, DJ 14.11.2002; Embargos de Declaração no Recurso Extraordinário 600.392, Rel. Min. Ricardo Lewandowski, Segunda Turma, DJe 8.11.2011; e Agravo Regimental no Recurso Extraordinário n. 482.207, Rel. Min. Eros Grau, Segunda Turma, DJe 29.5.2009, este último com a seguinte ementa:*

> *"AGRAVO REGIMENTAL NO RECURSO EXTRAORDINÁRIO. REGIME DE PREVIDÊNCIA PRIVADA. CARÁTER COMPLEMENTAR. ADESÃO. FACULDADE. LIBERDADE DE ASSOCIAÇÃO. 1. A faculdade que tem os interessados de aderirem a plano de previdência privada decorre de norma inserida no próprio texto constitucional [art. 202 da CB/88]. 2. Da não obrigatoriedade de adesão ao sistema de previdência privada decorre a possibilidade de os filiados desvincularem-se dos regimes de previdência complementar a que aderirem, especialmente porque a liberdade de associação comporta, em sua dimensão negativa, o direito de desfiliação, conforme já reconhecido pelo Supremo em outros julgados. Precedentes. Agravo regimental a que se nega provimento."*

O acórdão reclamado está de acordo com esses precedentes.

Ante o exposto, nego seguimento à reclamação, com fundamento no art. 21, § 1º, do RISTF.

Arquive-se.

Publique-se.[81]

---

[81] Disponível em: <http://www.stf.jus.br/portal/processo/verProcessoAndamento.asp?incidente=4020894>. Acesso em: 12.12.2012.

PARTE VI

OUTROS TEMAS

1. SÚMULAS VINCULANTES DO STF SOBRE MATÉRIA TRABALHISTA

Até final de 2012, foram aprovadas pelo STF 32 Súmulas Vinculantes. Existem projetos de outras. A de n. 30 cuida de matéria tributária e está suspensa. As que tratam de matéria trabalhista especificamente são em número de 10, e estão abaixo transcritas, com a indicação da fonte de publicação, da legislação pertinente e dos respectivos precedentes.

Súmula Vinculante n. 4

Salvo nos casos previstos na Constituição, o salário mínimo não pode ser usado como indexador de base de cálculo de vantagem de servidor público ou de empregado, nem ser substituído por decisão judicial.

Fonte de Publicação
DJe n. 83/2008, p. 1, em 9.5.2008; DOU de 9.5.2008, p. 1.

Legislação
Constituição de 1988, art. 7º, IV e XXIII; art. 39, §§ 1º e 3º; art. 42, § 1º; art. 142, § 3º, X.

Precedentes
RE n. 236.396, RE n. 208.684, RE n. 217.700, RE n. 221.234, RE n. 338.760, RE n. 439.035, RE n. 565.714.

Súmula Vinculante n. 6

Não viola a Constituição o estabelecimento de remuneração inferior ao salário mínimo para as praças prestadoras de serviço militar inicial.

Fonte de Publicação
DJe n. 88/2008, p. 1, em 16.5.2008; DOU de 16.5.2008, p. 1.

Legislação

Constituição de 1988, art. 1º, III; art. 5º, *caput*; art. 7º, IV; art. 142, § 3º, VIII, (redação dada pela Emenda Constitucional n. 18/1998); art. 143, *caput*, §§ 1º e 2º.
Medida Provisória n. 2.215/2001, art. 18, § 2º.

Precedentes

RE n. 570.177; RE n. 551.453; RE n. 551.608; RE n. 558.279; RE n. 557.717; RE n. 557.606; RE n. 556.233; RE n. 556.235; RE n. 555.897; RE n. 551.713; RE n. 551.778; RE n. 557.542.

Súmula Vinculante n. 10

Viola a cláusula de reserva de plenário (CF, art. 97) a decisão de órgão fracionário de tribunal que, embora não declare expressamente a inconstitucionalidade de lei ou ato normativo do poder público, afasta sua incidência, no todo ou em parte.

Fonte de Publicação

DJe n. 117/2008, p. 1, em 27.6.2008; DOU de 27.6.2008, p. 1.

Legislação

Constituição de 1988, art. 97.

Precedentes

RE n. 482.090; RE n. 240.096; RE n. 544.246; RE n. 319.181; AI n. 472.897-AgR.

Súmula Vinculante n. 13

A nomeação de cônjuge, companheiro ou parente em linha reta, colateral ou por afinidade, até o terceiro grau, inclusive, da autoridade nomeante ou de servidor da mesma pessoa jurídica investido em cargo de direção, chefia ou assessoramento, para o exercício de cargo em comissão ou de confiança ou, ainda, de função gratificada na administração pública direta e indireta em qualquer dos Poderes da União, dos Estados, do Distrito Federal e dos Municípios, compreendido o ajuste mediante designações recíprocas, viola a Constituição Federal.

Fonte de Publicação

DJe n. 162/2008, p. 1, em 29.8.2008; DOU de 29.8.2008, p. 1.

Legislação
Constituição de 1988, art. 37, *caput.*
Precedentes
ADI n. 1.521/MC; MS n. 23.780; ADC n. 12/MC; ADC n. 12; RE n. 579.951.

Súmula Vinculante n. 15
O cálculo de gratificações e outras vantagens do servidor público não incide sobre o abono utilizado para se atingir o salário mínimo.
Fonte de Publicação
DJe n. 121/2009, p. 1, em 1º.7.2009; DOU de 1º.7.2009, p. 1.
Legislação
Constituição de 1988, art. 7º, IV.
Precedentes
RE n. 439.360-AgR; RE n. 518.760-AgR; RE n. 548.983-AgR; RE n. 512.845-AgR; RE n. 490.879-AgR; RE n. 474.381-AgR; RE n. 436.368--AgR; RE n. 572.921-RG-QO.

Súmula Vinculante n. 16
Os arts. 7º, IV, e 39, § 3º (redação da EC n. 19/98), da Constituição, referem-se ao total da remuneração percebida pelo servidor público.
Fonte de Publicação
DJe n. 121/2009, p. 1, em 1º.7.2009; DOU de 1º.7.2009, p. 1.
Legislação
Constituição de 1988, art. 7º, IV; art. 39, § 2º (redação anterior à Emenda Constitucional n. 19/1998); art. 39, § 3º (redação dada pela Emenda Constitucional n. 19/1998); Emenda Constitucional n. 19/1998.
Precedentes
RE n. 199.098; RE n. 197.072; RE n. 265.129; AI n. 492.967-AgR; AI n. 601.522-AgR; RE n. 582.019-RG-QO.

Súmula Vinculante n. 17
Durante o período previsto no § 1º do art. 100 da Constituição, não incidem juros de mora sobre os precatórios que nele sejam pagos.

Fonte de Publicação
DJe n. 210 de 10.11.2009, p. 1; DOU de 10.11.2009, p. 1.

Legislação
Constituição de 1988, art. 100, § 1º (redação dada pela Emenda Constitucional n. 30/2000) e § 5º (redação dada pela Emenda Constitucional n. 62/2009).

Precedentes
RE n. 591.085-RG-QO; RE n. 298.616; RE n. 305.186; RE n. 372.190--AgR; RE n. 393.737-AgR; RE n. 589.345; RE n. 571.222-AgR; RE n. 583.871.

Súmula Vinculante n. 22

A Justiça do Trabalho é competente para processar e julgar as ações de indenização por danos morais e patrimoniais decorrentes de acidente de trabalho propostas por empregado contra empregador, inclusive aquelas que ainda não possuíam sentença de mérito em primeiro grau quando da promulgação da Emenda Constitucional n. 45/04.

Fonte de Publicação
DJe n. 232/2009, p. 1, em 11.12.2009; DOU de 11.12.2009, p. 1.

Legislação
Constituição de 1988, art. 7º, XXVIII; art. 109, I; art. 114.

Precedentes
CC n. 7.204; AI n. 529.763-AgR-ED; AI n. 540.190-AgR; AC n. 822-MC.

Súmula Vinculante n. 23

A Justiça do Trabalho é competente para processar e julgar ação possessória ajuizada em decorrência do exercício do direito de greve pelos trabalhadores da iniciativa privada.

Fonte de Publicação
DJe n. 232/2009, p. 1, em 11.12.2009; DOU de 11.12.2009, p. 1.

Legislação
Constituição de 1988, art. 114, II.

Precedentes
RE n. 579.648; CJ n. 6.959; RE n. 238.737; AI n. 611.670; AI n. 598.457; RE n. 555.075; RE n. 576.803.

Súmula Vinculante n. 25
É ilícita a prisão civil de depositário infiel, qualquer que seja a modalidade do depósito.

Fonte de Publicação
DJe n. 238/2009, p. 1, em 23.12.2009; DOU de 23.12.2009, p. 1.

Legislação
Constituição de 1988, art. 5º, LXVII e § 2º; Convenção Americana sobre Direitos Humanos (Pacto de S. José da Costa Rica), art. 7º, § 7º; Pacto Internacional sobre Direitos Civis e Políticos, art. 11.

Precedentes
RE n. 562.051; RE n. 349.703; RE n. 466.343; HC n. 87.585; HC n. 95.967; HC n. 91.950; HC n. 93.435; HC n. 96.687-MC; HC n. 96.582; HC n. 90.172; HC n. 95.170-MC.

ÍNDICES

ÍNDICE GERAL

SUMÁRIO	13
INTRODUÇÃO	15
PARTE I — DIREITOS INDIVIDUAIS	17
1. Adicional de insalubridade. Base de cálculo	19
2. FGTS. Contratação nula. Direito do trabalhador	24
3. Gestante	27
4. Médico. Demissão. Faltas injustificadas. Abandono de emprego	30
5. Profissional liberal. Cooperativa	34
6. Responsabilidade subsidiária	39
7. Sistema "S". Necessidade de concurso	55
8. Trabalho "escravo". Cadastro de empregadores. Perda de objeto	57
PARTE II — DIREITOS COLETIVOS	61
1. Cadastro sindical. Inconstitucionalidade	63
2. Greve	65
PARTE III — DIREITO PROCESSUAL	75
1. Certidão Negativa de Débito Trabalhista. Inconstitucionalidade	77
2. Competência	81
3. Embargos à execução. Prazo para oposição	90
PARTE IV — SERVIÇO PÚBLICO	95
1. Gestante. Cargo em comissão. Licença-maternidade	97

2. Servidor público. Salário-família 98
3. Servidor temporário. Direitos trabalhistas 100

PARTE V — PREVIDÊNCIA SOCIAL 105

1. Aposentadoria de servidor celetista. Revisão de proventos 107
2. Contribuição social. Cooperativas de trabalho 110
3. Gratificação de Natal. Aposentados do extinto Instituto de Previdência dos Congressistas 112
4. Previdência complementar privada. Filiação não obrigatória 118

PARTE VI — OUTROS TEMAS 123

1. Súmulas Vinculantes do STF sobre matéria trabalhista 125

ÍNDICES 131

Índice geral 133
Índice dos julgados publicados na coletânea 135
Índice dos ministros do STF prolatores dos julgados citados 155
Índice temático 159

ÍNDICE DOS JULGADOS PUBLICADOS NA COLETÂNEA

VOLUMES 1 A 16

N. do Julgado	Volume	Página
AC 340-7-RJ	8	54
AC 9.690-SP	1	41
AC 9.696-3-SP	1	40
ACO 533-9-PI	2	23
ACO (AGRG) 524-0-SP	7	68
ADIn 100-1-MG	8	88
ADIn 254-6-GO	7	48
ADIn 271-6-DF	5	35
ADIn 306-2-DF	4	85
ADIn 554-5-MG	1/10	102/59
ADIn 609-6-DF	6	197
ADIn 639-8-DF	9	17
ADIn 953-2-DF	7	176
ADIn 990-7-MG	7	45
ADIn 1.040-9-DF	6	170
ADIn 1.074-3-DF	11	123
ADIn 1.105-7-DF	10/14	141/75
ADIn 1.127-8-DF	10	141
ADIn 1.194-4-DF	9/13	154/98
ADIn 1.377-7-DF	10	139
ADIn 1.404-8-SC	4	167
ADIn 1.439-1-DF	7	19
ADIn 1.458-7-DF	1	19
ADIn 1.480-3-DF	2/5	59/15
ADIn 1.484-6-DF	5	170
ADIn 1.661-1-PA	7	120
ADIn 1.662-7-DF	2/5	120/75
ADIn 1.675-1-DF	1	29

N. do Julgado	Volume	Página
ADIn 1.696-0-SE	6	59
ADIn 1.721-3-DF	1/2/10	46/31/23
ADIn 1.749-5-DF	4	163
ADIn 1.753-2-DF	2	165
ADIn 1.770-4-DF	2	31
ADIn 1.797-0-PE	4	148
ADIn 1.849-0-DF	3	125
ADIn 1.878-0-DF	2/6/7	34/96/137
ADIn 1.880-4-DF	2	90
ADIn 1.912-3-RJ	3	35
ADIn 1.942-DF	13	67
ADIn 1.946-5-DF	7	132
ADIn 1.953-8-ES	4	59
ADIn 1.967-8-DF	4	163
ADIn 1.971-6-SP	5	163
ADIn 1.976-7-DF	11	65
ADIn 2.010-8-DF	6	200
ADIn 2.024-2-DF	4	164
ADIn 2.054-4-DF	7	182
ADIn 2.093-6-SC	8	103
ADIn 2.098-6-AL	5	127
ADIn 2.105-2-DF	4/5	146/187
ADIn 2.107-9-DF	5	127
ADIn 2.139-7-DF	11/13	49/83
ADIn 2.160-5-DF	4/13	105/83
ADIn 2.180-0-SP	5	163
ADIn 2.201-6-DF	7	93
ADIn 2.310-1-DF	5	95
ADIn 2.652-8-DF	7	174
ADIn 2.679-8-AL	6	49
ADIn 2.687-9-PA	7	128
ADIn 2.931-2-RJ	9	78
ADIn 3.026-4-DF	10	143
ADIn 3.030-2-AP	9	79
ADIn 3.068-0-DF	9	11
ADIn 3.085-0-CE	9	93
ADIn 3.105-8-DF	8	121
ADIn 3.224	8	91

N. do Julgado	Volume	Página
ADIn 3.300	10	186
ADIn 3.347-DF	16	57
ADIn 3.367	9/10	83/115
ADIn 3.392	11	35
ADIn 3.395	9/10	94/95
ADIn 3.453	11	63
ADIn 3.510	12	121
ADIn 3.934	11/13	23/33
ADIn 4.015	12	89
ADIn 4.167	12/15	21/35
ADIn 4.292	13	59
ADIn 4.347	13	70
ADIn 4.364-SC	15	55
ADIn 4.568-DF	15	37
ADIn 4.696-DF	15	83
ADIn 4.698-MA	15	83
ADIn 4.716-DF	16	77
ADIn 4.738-DF	16	63
ADIn 4.742-DF	16	77
ADIn 4.849-DF	16	34
ADIn-MC 1.121-9-RS	1	50
ADIn-MC 1.567-2-DF	1	100
ADIn-MC 1.721-3-DF	7	22
ADIn-MC 2.111-7-DF	7	139
ADIn-MC 2.176-1-RJ	4	177
ADIn-MC 3.126-1-DF	8/9	92/92
ADIn-MC 3.472-3-DF	9	117
ADPF 47-5-PA	12	26
ADPF-MC 54-8-DF	8	155
ADPF-151-DF	14/15	38/45
AG-AI 156.338-0-PR	1	60
AG-AI 214.076-8-RS	2	123
AG-AI 223.271-7-MG	3	13
AGRAG 248.880-1-PE	4	109
AGRAG 324.304-7-SP	6	157
AG-RE 220.170-2-SP	2	64
AG-RE 227.899-9-MG	2	19
AG-RE 241.935-8-DF	4	49

N. do Julgado	Volume	Página
AG(AGRG) 258.885-1-RJ	4	108
AG(AGRG) 316.458-1-SP	6	162
AGRG-ADIn 3.153-8-DF	9	25
AGRG-AI 171.020-9-CE	5	39
AGRG-AI 267.115-7-DF	4	137
AGRG-AI 238.385-6-PR	5	70
AGRG-AI 404.860-1-DF	10	103
AGRG-AI 410.330-0-SP	7	60
AGRG-AI 416.962-2-ES	7	17
AGRG-AI 442.897-6-ES	10	163
AGRG-AI 453.737-1-RJ	7	89
AGRG-AI 479.810-7-PR	10	151
AGRG-AI 528.138-0-MS	10	140
AGRG-AI 570.429-9-RS	12	115
AGRG-AI 582.921-1-MA	10	35
AGRG-AO 820-4-MG	7	116
AGRG-MS 25.489-1-DF	9	122
AGRG-RE 222.368-4-PE	7	66
AGRG-RE 273.834-4-RS	5	192
AGRG-RE 281.901-8-SP	5	47
AGRG-RE 299.671-8-RS	6	160
AGRG-RE 347.334-7-MG	7	90
AGRG-RE 409.997-7-AL	10	154
AGRG-RE 507.861-2-SP	11	57
AGRG-RG 269.309-0-MG	5	58
AI 139.671-(AGRG)-DF	1	43
AI 153.148-8-PR	1	60
AI 208.496-9-ES	2	102
AI 210.106-0-RS	2	55
AI 210.466-6-SP	2	45
AI 212.299-0-SP	2	15
AI 212.918-1-DF	2	149
AI 215.008-6-ES	2	36
AI 216.530-8-MG	2	132
AI 216.786-2-SP	2	81
AI 218.578-8-PR	2	125
AI 220.222-2-DF	2	85
AI 220.739-5-SP	2	106

N. do Julgado	Volume	Página
AI 224.483-5-PB	4	44
AI 229.862-4-RS	3	15
AI 233.762-1-RS	3	105
AI 233.835-8-RS	3	90
AI 237.680-1-SP	3	50
AI 238.733-1-MG	3	56
AI 240.632-6-RS	3	121
AI 243.418-0-MG	3	101
AI 244.136-6-SP	3	20
AI 244.154-4-SP	3	71
AI 244.672-0-SP	3	40
AI 245.136-1-RS	3	94
AI 248.256-2-SP	3	43
AI 248.764-1-DF	3	26
AI 249.021-1-SP	3	46
AI 249.470-7-BA	4	96
AI 249.539-2-BA	8	87
AI 249.600-3-MG	3	30
AI 260.198-8-MG	4	124
AI 260.553-8-SP	4	91
AI 260.700-5-DF	4	28
AI 265.946-8-PR	4	73
AI 266.186-4-GO	4	15
AI 270.156-1-RS	5	42
AI 273.327-1-BA	4	173
AI 277.315-1-SC	4	87
AI 277.432-8-PB	4	41
AI 277.651-4-BA	4	47
AI 279.422-1-DF	4	139
AI 290.222-6-AM	5	64
AI 294.013-4-RS	5	79
AI 321.083-2-DF	5	82
AI 321.503-9-MS	5	51
AI 329.165-6-RJ	5	128
AI 333.502-4-SP	10	35
AI 341.920-9-RS	5	143
AI 342.272-1-DF	5	125
AI 359.319-5-SP	5	54

N. do Julgado	Volume	Página
AI 388.729-8-PE	6	117
AI 388.895-1-PB	6	115
AI 401.141-3-SP	10	108
AI 429.939-2-PE	7	88
AI 436.821-2-PE	7	85
AI 449.252-3-SP	7	103
AI 454.064-4-PA	10	64
AI 457.801-1-DF	8	58
AI 457.863-2-RS	8	28
AI 460.355-7-SP	7	118
AI 462.201-0-SP	7	81
AI 465.867-8-MG	8	75
AI 474.751-1-SP	8	68
AI 477.294-5-PI	7	26
AI 478.276-1-RJ	8	44
AI 498.062-2-SP	8	76
AI 500.356-5-RJ	8	44
AI 511.972-0-SP	8	85
AI 513.028-1-ES	8	69
AI 514.509-8-MG	8	26
AI 518.101-6-MG	8	75
AI 522.830-4-RJ	10	84
AI 523.628-8-PR	9	67
AI 525.295-8-BA	9	20
AI 525.434-3-MT	9	38
AI 526.389-1-SP	9	71
AI 529.694-1-RS	9	147
AI 531.237-0-RS	9	68
AI 533.705-2-DF	9	112
AI 534.587-1-SC	10	32
AI 535.068-3-SP	9	28
AI 538.917-7-AL	9	106
AI 539.419-9-MG	9	80
AI 556.247-6-SP	9	142
AI 557.195-2-RJ	10	89
AI 561.126-1-RJ	10	90
AI 567.280-9-MG	10	98
AI 571.672-5-RS	10	171

N. do Julgado	Volume	Página
AI 572.351-3-SP	10	102
AI 579.311-0-PR	10	19
AI 583.599-6-MG	10	37
AI 584.691-8-SP	10	110
AI 629.242-5-SP	11	19
AI 633.430-1-RS	11	21
AI 635.212-1-DF	11	61
AI 640.303-9-SP	11	32
AI 656.720-2-SP	11	40
AI 791.292-PE	14	69
AO 206-1-RN	7	61
AO 757-7-SC	7	110
AO 764-0-DF	7	113
AO 931-6-CE	7	108
AO 1.157-4-PI	10	118
AR 1.371-5-RS	5	135
AR 2.028-2-PE	12	108
AR-AI 134.687-GO	1	37
AR-AI 150.475-8-RJ	1	77
AR-AI 198.178-RJ	1	114
AR-AI 199.970-0-PE	3	88
AR-AI 218.323-0-SP	3	112
AR-AI 245.235-9-PE	3	113
AR-AI 437.347-3-RJ	8	43
ARE 637.607-RS	15	69
ARE 642.827-ES	15	73
ARE 646.000-MG	16	100
ARE 654.432-GO	16	65
ARE 661.383-GO	16	55
ARE 665.969-SP	16	66
ARE 674.104-SC	16	27
CC 6.968-5-DF	1	80
CC 6.970-7-DF	1	79
CC 7.040-4-PE	6	95
CC 7.043-9-RO	6	91
CC 7.053-6-RS	6	102
CC 7.074-0-CE	6	109
CC 7.079-1-CE	8	51

N. do Julgado	Volume	Página
CC 7.091-9-PE	5	56
CC 7.116-8-SP	6	119
CC 7.118-4-BA	6	114
CC 7.134-6-RS	7	58
CC 7.149-4-PR	7	56
CC 7.165-6-ES	8	45
CC 7.171-1-SP	8	48
CC 7.201-6-AM	12	63
CC 7.204-1-MG	9	54
CC 7.242-3-MG	12	101
CC 7.295-4-AM	10	92
CC 7.376-4-RS	10	60
CC 7.456-6-RS	12	84
CC 7.484-1-MG	11	52
CC 7.500-MG	13	78
CR 9.897-1-EUA	6	214
ED-ED-RE 191.022-4-SP	2	96
ED-ED-RE 194.662-8-BA	7/9	40/26
ER-RE 190.384-8-GO	4	35
ED-RE 194.707-1-RO	3	86
ED-RE 348.364-1-RJ	8	22
HC 77.631-1-SC	7	183
HC 80.198-6-PA	4	78
HC 81.319-4-GO	6	212
HC 84.270-4-SP	8	41
HC 85.096-1-MG	9	58
HC 85.911-9-MG	9	70
HC 85.585-5-TO	11	127
HC 87.585-TO	12	131
HC 93.930-RJ	14	121
HC 98.237-SP	14	71
HC 98.873-8-SP	13	91
IF 607-2-GO	2	115
MC em AC 1.069-1-MT	10	104
MC em ADIn 2.135-4-9-DF	11	76
MC em ADIn 2.527-9-DF	11	68
MC em ADIn 3.395-6-DF	9	98
MC em ADIn 3.540-1-DF	10	182

N. do Julgado	Volume	Página
MC em HC 90.354-1-RJ	11	129
MC em HC 92.257-1-SP	11	135
MC em MS 24.744-4-DF	8	110
MC em MS 25.027-5-DF	8	104
MC em MS 25.498-8-DF	9	130
MC em MS 25.503-0-DF	9	116
MC em MS 25.511-1-DF	9	132
MC em MS 25.849-1-DF	9	120
MC em Rcl. 2.363-0-PA	7	74
MC em Rcl. 2.653-1-SP	8	117
MC em Rcl. 2.670-1-PR	8	114
MC em Rcl. 2.684-1-PI	8	61
MC em Rcl. 2.772-4-DF	8	99
MC em Rcl. 2.804-6-PB	8	72
MC em Rcl. 2.879-6-PA	8	65
MC em Rcl. 3.183-7-PA	9	98
MC em Rcl. 3.431-3-PA	9	102
MC em Rcl. 3.760-6-PA	9	35
MC em Rcl. 4.306-1-TO	10	96
MC em Rcl. 4.317-7-PA	10	99
MC em Rcl. 4.731-8-DF	10	129
MI 20-4-DF	1	86
MI 102-2-PE	6	133
MI 347-5-SC	1	85
MI 585-9-TO	6	59
MI 615-2-DF	9	45
MI 670-7-DF	7	41
MI 670-9-ES	11/12	80/42
MI 692-0-DF	7	23
MI 708-0-DF	11/12	81/42
MI 712-8-PA	11/12	80/50
MI 758-4-DF	12	30
MI 817-5-DF	12	40
MS 21.143-1-BA	2	93
MS 22.498-3-BA	2	34
MS 23.671-0-PE	4	80
MS 23.912-3-RJ	5	197
MS 24.008-3-DF	9	91

N. do Julgado	Volume	Página
MS 24.414-3-DF	7	107
MS 24.875-1-DF	10	133
MS 24.913-7-DF	8	78
MS 25.191-3-DF	9	90
MS 25.326-6-DF	9	118
MS 25.496-3-DF	9	124
MS 25.763-6-DF	10	154
MS 25.938-8-DF	12	97
MS 25.979-5-DF	10	146
MS 26.117-0-MS	14	24
MS 28.133-DF	13	143
MS 28.137-DF	13	53
MS 28.801-DF	14	83
MS 28.871-RS	14	101
MS 28.965-DF	15	96
MS 31.096-DF	16	112
MSMC 21.101-DF	1	38
MCMS 24.637-5-DF	7	98
Petição 1.984-9-RS	7	177
Petição 2.793-1-MG	6	226
Petição 2.933-0-ES	7	54
QO-MI 712-8-PA	11	79
RE 109.085-9-DF	3	127
RE 109.450-8-RJ	3	75
RE 109.723-0-RS	10	71
RE 113.032-6-RN	6	70
RE 117.670-9-PB	2	160
RE 118.267-9-PR	1	76
RE 126.237-1-DF	4	110
RE 131.032-4-DF	1	80
RE 134.329-0-DF	3	82
RE 141.376-0-RJ	5	93
RE 144.984-5-SC	2	111
RE 146.361-9-SP	3	76
RE 146.822-0-DF	1	52
RE 150.455-2-MS	3	104
RE 157.057-1-PE	3	81
RE 158.007-1-SP	6	188

N. do Julgado	Volume	Página
RE 158.007-1-SP	6	188
RE 158.448-3-MG	2	164
RE 159.288-5-RJ	1	52
RE 165.304-3-MG	5	194
RE 172.293-2-RJ	2	92
RE 175.892-9-DF	4	132
RE 176.639-5-SP	1	68
RE 181.124-2-SP	2	163
RE 182.543-0-SP	1	62
RE 183.883-3-DF	3	24
RE 183.884-1-SP	3	115
RE 187.229-2-PA	3	114
RE 187.955-6-SP	3	114
RE 189.960-3-SP	5	44
RE 190.384-8-GO	4	36
RE 190.844-1-SP	4	60
RE 191.022-4-SP	1	68
RE 191.068-2-SP	11	44
RE 193.579-1-SP	7	47
RE 193.943-5-PA	2	130
RE 194.151-1-SP	2	109
RE 194.662-8-BA	5/6	37/69
RE 194.952-0-MS	5	117
RE 195.533-3-RS	2	33
RE 196.517-7-PR	5	57
RE 197.807-4-RS	4	32
RE 197.911-9-PE	1	74
RE 198.092-3-SP	1	66
RE 199.142-9-SP	4	57
RE 200.589-4-PR	3	64
RE 201.572-5-RS	5	157
RE 202.063-0-PR	1	59
RE 202.146-6-RS	3	130
RE 203.271.9-RS	2	95
RE 204.126-2-SP	6	187
RE 204.193-9-RS	5	156
RE 205.160-8-RS	3	77
RE 205.170-5-RS	2	48

N. do Julgado	Volume	Página
RE 205.701-1-SP	1	36
RE 205.815-7-RS	1	27
RE 206.048-8-RS	5	195
RE 206.220-1-MG	3	74
RE 207.374-1-SP	2	109
RE 207.858-1-SP	3	67
RE 209.174-0-ES	2	149
RE 210.029-1-RS	7	47
RE 210.069-2-PA	3	132
RE 210.638-1-SP	2	123
RE 212.118-5-SP	5	59
RE 213.015-0-DF	6	134
RE 213.111-3-SP	7	47
RE 213.244-6-SP	2	40
RE 213.792-1-RS	2	98
RE 214.668-1-ES	7/10	47/75
RE 215.411-3-SP	5	30
RE 215.624-8-MG	4	106
RE 216.214-1-ES	4	142
RE 216.613-8-SP	4	52
RE 217.162-2-DF	3	125
RE 217.328-8-RS	4	50
RE 217.335-5-MG	4	43
RE 219.434-0-DF	6	19
RE 220.613-1-SP	4	31
RE 222.334-2-BA	5	25
RE 222.368-4-PE	6	124
RE 222.560-2-RS	2/6	51/32
RE 224.667-9-MG	3	38
RE 225.016-1-DF	5	113
RE 225.488-1-PR	4	33
RE 225.872-5-SP	8	33
RE 226.204-6-DF	6	30
RE 226.855-7-RS	4	17
RE 227.410-9-SP	4	13
RE 227.899-8-MG	2	17
RE 228.035-7-SC	7	122
RE 230.055-1-MS	3	59

N. do Julgado	Volume	Página
RE 231.466-5-SC	6	54
RE 232.787-0-MA	3	79
RE 233.664-9-DF	5	40
RE 233.906-2-RS	9	86
RE 234.009-4-AM	3	110
RE 234.068-1-DF	8	109
RE 234.186-3-SP	5	23
RE 234.431-8-SC	10	68
RE 234.535-9-RS	5	60
RE 235.623-8-ES	9	75
RE 235.643-9-PA	4	36
RE 236.449-1-RS	3	131
RE 237.965-3-SP	4	34
RE 238.737-4-SP	2	44
RE 239.457-5-SP	6	22
RE 240.627-8-SP	3	53
RE 241.372-3-SC	5	142
RE 243.415-9-RS	4	178
RE 244.527-4-SP	3	129
RE 245.019-7-ES	3	65
RE 247.656-1-PR	5	29
RE 248.278-1-SC	10	151
RE 248.282-0-SC	5	123
RE 248.857-7-SP	6	167
RE 249.740-1-AM	3	75
RE 252.191-4-MG	5	158
RE 254.518-0-RS	4	171
RE 254.871-5-PR	5	29
RE 256.707-8-RJ	9	53
RE 257.063-0-RS	5	152
RE 257.836-3-MG	6	82
RE 259.713-9-PB	5	120
RE 260.168-3-DF	4	179
RE 261.344-4-DF	6	194
RE 263.381-0-ES	6	25
RE 264.299-1-RN	4	100
RE 264.434-MG	14	22
RE 265.129-0-RS	4	37

N. do Julgado	Volume	Página
RE 273.347-4-RJ	4	46
RE 275.840-0-RS	5	122
RE 278.946-1-RJ	8	19
RE 281.297-8-DF	5	26
RE 284.627-9-SP	6	18
RE 284.753-6-PA	6	183
RE 287.024-2-RS	8	35
RE 287.925-8-RS	8	20
RE 289.090-1-SP	5	44
RE 291.822-9-RS	10/15	76/53
RE 291.876-8-RJ	5	155
RE 292.160-2-RJ	5	77
RE 293.231-1-RS	5	78
RE 293.287-6-SP	6	85
RE 293.932-3-RJ	5	86
RE 299.075-5-SP	5	130
RE 305.513-9-DF	6	83
RE 308.107-1-SP	5	147
RE 311.025-0-SP	6	181
RE 318.106-8-RN	9	78
RE 329.336-2-SP	6	17
RE 330.834-3-MA	6	177
RE 333.236-8-RS	6	145
RE 333.697-5-CE	6	20
RE 340.005-3-DF	6	112
RE 340.431-8-ES	6	53
RE 341.857-2-RS	6	192
RE 343.183-8-ES	6	178
RE 343.144-7-RN	6	176
RE 344.450-6-DF	9	109
RE 345.874-4-DF	6	158
RE 347.946-6-RJ	6	198
RE 349.160-1-BA	7	87
RE 349.703-RS	12	131
RE 350.822-9-SC	7	131
RE 351.142-4-RN	9	81
RE 353.106-9-SP	6	67
RE 356.711-0-PR	9	62

N. do Julgado	Volume	Página
RE 362.483-1-ES	8	17
RE 363.852-1-MG	9	146
RE 368.492-2-RS	7	134
RE 369.779-0-ES	7	17
RE 369.968-7-SP	8	39
RE 370.834-MS	15	63
RE 371.866-5-MG	9	40
RE 372.436-3-SP	7	188
RE 378.569-9-SC	7	126
RE 381.367-RS	14/15	111/93
RE 382.994-7-MG	9	18
RE 383.074-1-RJ	8	164
RE 383.472-0-MG	7	39
RE 387.259-1-MG	7	57
RE 387.389-0-RS	7	71
RE 390.881-2-RS	7	136
RE 392.303-8-SP	6	26
RE 392.976-3-MG	8	85
RE 394.943-8-SP	9	55
RE 395.323-4-MG	6	38
RE 396.092-0-PR	7	28
RE 398.041-0-PA	10	40
RE 398.284-2-RJ	12	19
RE 403.832-3-MG	7	56
RE 405.031-5-AL	12	91
RE 414.426-SC	15	21
RE 415.563-0-SP	9	151
RE 419.327-2-PR	9	43
RE 420.839-DF (AgR)	16	97
RE 430.145-8-RS	10	136
RE 439.035-3-ES	12	17
RE 441.063-0-SC	9	60
RE 444.361-9-MG	9	56
RE 445.421-1-PE	10	167
RE 449.420-5-PR	9	192
RE 451.859-7-RN	11	73
RE 459.510-MT	13	81
RE 464.971-MG	15	81

N. do Julgado	Volume	Página
RE 466.343-1-SP	11/12	134/131
RE 477.554-MG	15	98
RE 478.410-SP	14	116
RE 485.913-3-PB	10	131
RE 503.415-5-SP	11	60
RE 505.816-6-SP	11	37
RE 507.351-3-GO	11	58
RE 519.968-1-RS	11	29
RE 545.733-8-SP	11	17
RE 548.272-3-PE	11	119
RE 553.159-DF	13	31
RE 555.271-3-AM	11	121
RE 556.664-1-RS	12	87
RE 563.965-RN	13	140
RE 569.056-3-PA	12	81
RE 569.815-7-SP	11	55
RE 570.177-8-MG	12	28
RE 570.908-RN	13	139
RE 572.052-RN	13	151
RE 578.543-MT	13	99
RE 579.648-5-MG	12	58
RE 595.315-RJ	16	110
RE 595.326-PE	15	88
RE 596.478-RR	16	24
RE 597.368-RE	13	99
RE 600.091-MG	13/15	77/59
RE 603.191-MT	15	90
RE 603.583-RS	15	105
RE 606.003-RS	16	81
RE 607.520-MG	15	62
RE 627.294-PE	16	107
RE 629.053-SP	15/16	17/28
RE 630.137-RS	14	114
RE 634.093-DF	15	19
RE 635.023-DF	15	21
RE 636.553-RS	15	79
RE 638.483-PB	15	60
RE 650.898-RS	15	71

N. do Julgado	Volume	Página
RE 652.229-DF	15	75
RE 657.989-RS	16	98
RE 661.256-SC	15	93
RE (Edu) 146.942-1-SP	6	108
RCL. 743-3-ES	8	72
RCL. 1.728-1-DF	5	118
RCL. 1.786-8-SP	5	72
RCL. 1.979-9-RN	6	148
RCL. 2.135-1-CE	9	65
RCL. 2.155-6-RJ	6/8	148/71
RCL. 2.267-6-MA	8	67
RCL. 3.322-8-PB	9	111
RCL. 3.900-5-MG	9	126
RCL. 4.012-7-MT	11	114
RCL. 4.303-7-SP	10	69
RCL. 4.464-GO	12	78
RCL. 4.489-1-PA	13	129
RCL. 5.381-4-AM	12	65
RCL. 5.381-ED-AM	12/13	109/131
RCL. 5.155-PB	13	29
RCL. 5.543-AgR-GO	13	35
RCL. 5.698-8-SP	12	35
RCL. 5.758-SP	13	133
RCL. 5.798-DF	12	54
RCL. 6.568-SP	12/13	68/63
RCL. 7.342-9-PA	12	87
RCL. 7.901-AM	14	41
RCL. 8.341-PB	15	86
RCL. 8.388-PE	13	19
RCL. 8.949-SP	13	154
RCL. 10.164-SP	14	17
RCL. 10.243-SP	14	56
RCL. 10.466-GO	14	33
RCL. 10.580-DF	14	60
RCL. 10.776-PR	14	76
RCL. 10.798-RJ	14	51
RCL. 11.218-PR	16	118
RCL. 11.366-MG	15	47

N. do Julgado	Volume	Página
RCL. 11.954-RJ	16	39
RCL. 13.132-RN	16	90
RCL. 13.189-SP	16	19
RCL. 13.403-MG	16	45
RCL. 13.410-SC	16	83
RCL. 14.671-RS	16	50
RHC 81.859-5-MG	6	121
RMS 2.178-DF	1	72
RMS 23.566-1-DF	6	41
RMS 21.053-SP	14	49
RMS (EdAgR) 24.257-8-DF	6	211
RMS 28.546-DF	16	30
RO-MS 23.040-9-DF	3	103
RO-MS 24.309-4-DF	7	45
RO-MS 24.347-7-DF	7	105
SEC 5.778-0-EUA	9	156
SS 1.983-0-PE	7	94
SS 4.318-SP	14	100
SÚMULAS DO STF	7	143
SÚMULAS VINCULANTES DO STF	12	135
TST-RE-AG-AI-RR 251.899/96.7	1	111
TST-RE-AG-E-RR 144.583/94.4	2	50
TST-RE-AG-E-RR 155.923/95.9	1	92
TST-RE-AG-E-RR 286.778/96.5	1	25
TST-RE-AG-RC 343.848/97.8	2	112
TST-RE-AI-RR 242.595/96.2	1	106
TST-RE-AI-RR 242.708/96.5	2	137
TST-RE-AI-RR 286.743/96.7	1	56
TST-RE-AI-RR 299.174/96.7	1	104
TST-RE-AI-RR 305.874/96.8	1	24
TST-RE-AR 210.413/95.3	2	69
TST-RE-AR 278.567/96.5	1	33
TST-RE-ED-AI-RR 272.401/96.3	2	52
TST-RE-ED-E-RR 81.445/93.0	2	155
TST-RE-ED-E-RR 117.453/94.7	1	95
TST-RE-ED-E-RR 140.458/94.8	2	71
TST-RE-ED-E-RR 651.200/00.9	6	35
TST-RE-ED-RO-AR 331.971/96.9	4	102

N. do Julgado	Volume	Página
TST-RE-ED-RO-AR 396.114/97.7	4	122
TST-RE-ED-RO-AR 501.336/98.0	6	164
TST-RE-ED-RO-AR 671.550/2000.2	7	51
TST-RE-E-RR 118.023/94.4	2	153
TST.RE.E.RR 411.239/97.8	7	43
TST-RE-RMA 633.706/2000.6	4	84
TST-RE-RO-AA 385.141/97.6	2	74
TST-RE-RO-AR 209.240/95.6	1	97
TST-RE-RO-DC 284.833/96.1	1	69

ÍNDICE DOS MINISTROS DO STF PROLATORES DOS JULGADOS CITADOS

VOLUMES 1 A 16
(O primeiro número (em negrito) corresponde ao volume
e os demais, às páginas iniciais dos julgados)

AYRES BRITTO 7/23; 8/54; 9/30, 35, 53, 78, 102; 10/23, 39, 89, 99, 102, 131; 11/29, 37; 12/65, 11, 131; 13/ 29, 78, 131; 14/26, 70; 15/93 16/57

CARLOS VELLOSO 1/27, 62, 66, 79, 102; 2/17, 19, 101; 3/39, 59, 125; 5/26, 86, 152, 156; 6/30, 32, 54, 83, 91, 117, 121, 158, 167, 171, 176, 178, 192, 226; 7/17, 48, 54, 67, 109, 118, 122, 134, 136; 8/103, 104, 110, 114; 9/ 79, 120, 122, 126, 151; 10/154; 14/49

CÁRMEN LÚCIA 10/129; 11/21, 32, 40, 61, 63, 135; 12/58, 68, 78, 97; 13/19, 98, 129, 133, 139, 140, 154; 14/22, 33, 41; 15/37, 65; 16/112

CÉLIO BORJA 1/37

CELSO DE MELLO 1/19, 38, 50, 86; 2/60, 109, 115; 3/36, 86; 4/15, 146; 5/15, 39, 70, 164, 170, 187, 192; 6/26, 95, 102, 124, 145, 162, 183, 200, 212; 7/19, 53, 66, 89, 116, 183, 188; 8/39, 43, 61, 78; 9/25, 40, 45, 68, 75, 112, 132, 156; 10/64, 76, 90, 92, 140, 159, 171, 182, 186; 11/83; 12/89; 13/91, 132; 14/71, 83; 15/19, 21, 98; 16/90

CEZAR PELUSO 7/106; 8/35, 58, 68, 99, 117, 121; 9/19, 43, 56, 63, 83, 116; 10/71, 95, 115, 136, 167; 11/35, 55, 121, 129, 134; 12/131; 13/81; 14/100; 15/60, 69, 73

DIAS TOFFOLI 13/77; 14/101; 15/55, 59, 62; 16/24, 39, 45, 77, 97

ELLEN GRACIE 5/117, 157, 197; 6/17, 18, 38, 119, 157, 170, 187, 211; 7/57, 88, 108, 176; 8/16, 19, 20, 88, 91, 121; 9/53, 65, 78, 81, 90, 109; 10/104, 151, 163; 11/68, 76; 12/26, 50, 54, 101; 13/87, 99; 14/76; 15/21, 86, 90

EROS ROBERTO GRAU 8/26, 45, 48; **9**/55, 60, 110, 111, 124; **10**/59, 143, 154; **11**/57, 58, 73, 79, 80, 123; **12**/101; **13**/63, 70; **14**/24, 116

GILMAR MENDES 6/148; **7**/58, 74, 120, 131; **8**/41, 65, 69, 71; **9**/26, 92, 147; **10**/98, 108, 118; **11**/19, 52, 80, 81, 101, 129; **12**/14, 42, 87, 107; **13**/31; **14**/17, 38, 51, 69, 121; **15**/45, 75, 79, 96; **16**/63, 118

ILMAR GALVÃO 1/46, 60, 68, 76, 77; **2**/31, 34, 90; **3**/29; **4**/31, 37, 49, 59, 148, 175; **5**/29, 127, 142; **6**/20, 53, 60, 112, 160, 177, 181, 196, 198; **7**/22, 137

JOAQUIM BARBOSA 7/57; **8**/44, 51, 72, 85; **9**/17, 98, 130, 142; **10**/32, 35, 40, 75, 103, 151; **11**/44, 65; **12**/21; **13**/67, 143; **14**/114; **15**/35, 83; **16**/99, 110

LUIZ FUX 16/27, 66, 107

MARCO AURÉLIO 1/115; **2**/15, 23, 36, 40, 45, 48, 51, 64, 79, 81, 86, 92, 93, 96, 102, 106, 111, 125, 132, 139, 150, 164; **3**/15, 20, 26, 30, 35, 38, 40, 43, 46, 50, 56, 67, 71, 74, 81, 90, 94, 104, 105, 107, 110, 112, 114, 121, 125; **4**/28, 69, 74, 80, 87, 91, 96, 100, 106, 124, 129, 136, 139, 167, 173; **5**/37, 44, 51, 58, 59, 60, 64, 79, 82, 95, 122, 123, 143; **6**/69, 108, 133, 214; **7**/28, 40, 45, 71, 80, 94, 103, 113, 177; **8**/28, 44, 72, 76, 155, 164; **9**/18, 67, 70, 71, 118, 146; **10**/36, 69, 84; **11**/17, 60, 114, 119, 127; **12**/30, 91, 131; **13**/ 53, 83; **14**/111; **15**/17, 47, 53, 63, 71, 81, 88, 93, 105; **16**/28, 30, 81, 98, 100

MAURÍCIO CORRÊA 1/36; **2**/120; **3**/53, 63, 131, 132; **4**/43, 78, 109, 179; **5**/25, 72, 76, 78, 158; **6**/22, 67, 82, 114, 148, 197; **7**/34, 39, 41, 69, 90, 105, 126, 174, 181; **9**/154

MENEZES DIREITO 12/19, 81, 84

MOREIRA ALVES 2/32, 34, 123, 163; **3**/64, 76, 113; **4**/13, 17, 18, 19, 33, 34, 108; **5**/35, 125, 130, 153; **6**/19, 25, 41, 49

NELSON JOBIM 4/51, 52, 58, 60, 163; **5**/40, 58, 195; **7**/60, 61, 93, 128; **8**/22, 67, 92; **9**/94; **10**/139

NÉRI DA SILVEIRA 1/17, 41, 85; **2**/55, 109, 130, 160; **3**/24, 79, 82, 103, 117, 127; **4**/47, 72, 85, 132; **5**/30, 44, 47, 93, 118, 135, 147, 163; **6**/70, 86, 134, 189

OCTAVIO GALLOTTI **1**/59, 74; **2**/33, 77, 95, 98; **3**/130; **4**/32, 35, 50, 105; **5**/194; **11**/49

PAULO BROSSARD 1/52

RICARDO LEWANDOWSKI 10/96, 141; **11**/23, 103; **12**/28, 35, 63, 115; **13**/33, 59, 151; **14**/56, 75; **15**/83; **16**/50, 65, 83

ROSA WEBER 16/34

TEORI ZAVASCKI 16/55

SEPÚLVEDA PERTENCE 1/72, 80; **2**/24, 124, 149, 165; **3**/13, 18, 66, 75, 101, 114, 115; **4**/36, 46, 71, 110, 165, 170, 177; **5**/23, 54, 77, 120; **6**/59, 109, 115, 194; **7**/26, 56, 85, 87, 98, 182; **8**/33, 75, 85, 87, 109; **9**/20, 28, 38, 58, 75, 88, 91, 105, 106, 137; **10**/19, 60, 68, 110, 133, 146

SYDNEY SANCHES 1/40, 100; **3**/75, 77, 88, 129; **4**/44, 142, 171; **5**/42, 56, 113, 128; **7**/46, 132, 139

ÍNDICE TEMÁTICO

VOLUMES 1 A 16
(O primeiro número corresponde ao volume e o segundo,
à página inicial do julgado)

Abandono de emprego, 16/30

Ação civil pública, 3/74, 7/43, 8/65, 9/95

Ação coletiva. Órgão de jurisdição nacional, 6/41

Ação de cumprimento
Competência da Justiça do Trabalho. Contribuições, 1/79
Incompetência da Justiça do Trabalho. Litígio entre sindicato e empresa, anterior à Lei n. 8.984/95, 1/80

Ação rescisória
Ação de cumprimento de sentença normativa, 7/51
Autenticação de peças, 9/38
Indeferimento de liminar para suspender execução, 4/69
Medida cautelar. Planos econômicos, 3/90
URP. Descabimento, 5/51

Acesso à justiça
Celeridade, 9/45
Gratuidade, 10/89
Presunção de miserabilidade, 2/101

Acidente do trabalho
Competência, 7/56, 8/39, 9/40, 9/53, 9/55, 13/77, 15/59, 15/60
Responsabilidade do empregador, 6/187
Rurícola, 6/188
Seguro, 7/131

Acórdão, 14/69

Adicional de insalubridade
Aposentadoria. Tempo de serviço, 7/134, 11/17

Base de cálculo, 2/15, 3/13, 7/17, 10/19, 11/17, 12/17, 13/19, 14/17, 16/19
Caracterização, 6/17
Vinculação ou não ao salário mínimo, 4/13, 6/18, 7/17, 12/17
Adicional de periculosidade
Fixação do *quantum*. Inexistência de matéria constitucional, 3/15
Percepção. Inexistência de matéria constitucional, 4/15
ADIn
Agências reguladoras. Pessoal celetista, 5/95
  Aprovação em concurso público, 9/76
  Ascensão funcional, 9/79
Associação. Ilegitimidade ativa, 5/163, 9/25
  Auxílio-doença, 9/17
Comissão de Conciliação Prévia, 11/49
Confederação. Legitimidade, 3/35 5/163
  Conselho Nacional de Justiça, 9/83
  Conselho Superior do Ministério Público, 9/88
  Depósito prévio. INSS, 11/123
  Dissídio coletivo, 11/35
Efeito vinculante, 8/61
Emenda Constitucional, 4/163, 4/164, 9/83
Entidade de 3º grau. Comprovação, 6/49
  Estatuto da Advocacia, 9/154
Federação. Legitimidade, 3/36
  Férias coletivas, 9/93
Licença-maternidade. Valor, 7/132
  Normas coletivas. Lei estadual, 10/59
Omissão legislativa, 5/170
Parcela autônoma de equivalência, 5/187
Perda de objeto, 7/41
  Precatórios, 11/63
Propositura, 3/35
Provimento n. 5/99 da CGJT. Juiz classista. Retroatividade, EC n. 24/99, 7/93
Reedição. Aditamento à inicial, 3/125
  Recuperação de empresas, 11/23
  Recurso administrativo, 11/65

Salário mínimo. Omissão parcial. Valor, 7/19
  Servidor público, 9/94, 11/73
  Superveniência de novo texto constitucional, 4/167
  Trabalho temporário, 9/111, 11/114
  Transcendência, 11/67

Adolescente. Trabalho educativo, 2/21

ADPF, 8/155

Advocacia/Advogado, 7/174
  Dativo, 15/62
  Direito de defesa, 14/71
  Estatuto da, 9/154
  Revista pessoal, 8/41
  Sustentação oral, 14/75

Agente fiscal de renda, 14/100

Agravo de Instrumento
  Autenticação, 3/71, 8/43
  Formação, 2/102, 8/43
  Inviabilidade de recurso extraordinário, 5/54
  Petição apócrifa, 8/42

Agravo Regimental, 7/53

Anencefalia, 8/155

Antecipação de tutela. Competência, 7/54

Aposentadoria, 1/46
  Adicional de insalubridade, 7/134
  Anulação, 15/79
  Aposentadoria voluntária, 8/114, 10/23, 13/154
  Auxílio alimentação, 3/130, 5/143, 6/192
  Complementação, 10/98, 11/52, 12/109, 13/78, 16/118
  Congressistas, 16/......
  Continuidade da relação de emprego, 2/31, 7/22, 9/137, 9/142
  Contribuição para caixa de assistência, 15/81
  Contribuição previdenciária, 15/86
  Desaposentação, 14/111
  Estágio probatório, 8/110
  Férias, 6/194

Férias não gozadas. Indenização indevida, 3/127
Férias proporcionais, 8/109
Funrural, 9/146
Gratificação de Natal, 5/135, 16/112
Inativos, 8/121
Isonomia, 14/33
Juiz classista, 2/34, 6/196, 7/137
Magistrado, 9/90, 9/91
Notário, 12/1
Por idade, 15/83
Proventos, 5/142, 16/107
Servidor de Embaixada do Brasil no exterior, 10/167
Tempo de serviço. Arredondamento, 6/197
Trabalhador rural, 2/33, 7/136, 9/146, 9/147
Vale-alimentação, 5/143
Verbas rescisórias, 13/29
V. Benefícios previdenciários
V. Previdência social

Arbitragem, 4/169

Assinatura digitalizada, 6/211, 10/90

Assistência social, 5/147

Associação. Liberdade, 7/182, 15/53

Autenticação de peças, 2/104, 4/91

Auxílio-doença, 9/17

Avulso
Competência, 9/43
Reintegração, 2/36

Benefícios previdenciários
Conversão, 5/152
Correção, 5/155
Marido. Igualdade, 5/156
Vinculação ao salário mínimo, 6/198
V. Aposentadoria e contrato de trabalho
V. Previdência social

Biossegurança, 12/121

Camelôs, 13/70
Cartórios
  Adicional por tempo de serviço, 9/75
  Aposentadoria, 12/107
  Concurso público, 9/75
Células-tronco, 12/121
Certidão Negativa de Débito Trabalhista, 16/77
CIPA
  Suplente. Estabilidade, 2/40, 11/19
Comissão de Conciliação Prévia, 13/83
Competência
  Ação civil pública. Meio ambiente do trabalho, 3/74
  Ação civil pública. Servidor público, 9/95
  Acidente do trabalho, 7/56, 9/40, 9/53, 9/55, 11/57, 15/59, 15/60
  Advogado dativo, 15/62
  Aposentadoria, 12/107, 12/109
  Avulso, 9/56
  Complementação de aposentadoria, 10/98, 11/52
  Contribuição sindical rural, 11/55
  Contribuição social, 11/29
  Contribuições previdenciárias, 15/86
  Danos morais e materiais, 7/57, 9/53, 9/55, 9/56
  Demissão, 9/105
  Descontos indevidos, 3/75
  Descontos previdenciários, 3/75, 5/57
  Direitos trabalhistas. Doença profissional, 6/102
  Duplicidade de ações, 8/48
  Empregado público federal, 7/58
  Falência, 6/119
  Gatilho salarial. Servidor celetista, 6/108
  Greve de servidor público, 9/110, 13/63, 16/65
  Greve. Fundação pública, 11/37
  Habeas corpus, 6/121, 9/58
  Indenização por acidente de trabalho, 5/58
  Juiz de Direito investido de jurisdição trabalhista, 6/109, 8/51
  Justiça do Trabalho, 2/108, 3/74, 4/71, 10/60, 10/98, 13/77

Justiça Estadual comum. Servidor estadual estatutário, 3/79, 13/63
Justiça Federal, 5/56
Legislativa. Direito do Trabalho, 3/81
Matéria trabalhista, 7/56
Mudança de regime, 6/112
Penalidades administrativas, 11/57
Relação jurídica regida pela CLT, 5/59
Representante comercial, 16/81
Residual, 5/56, 6/91
Revisão de enquadramento, 6/114
Segurança, higiene e saúde do trabalhador, 9/71
Sentença estrangeira, 9/156
Servidor com regime especial, 12/63
Servidor estadual celetista, 3/76, 4/71, 8/45
Servidor público. Emenda n. 45/2004, 9/94, 10/95
Servidor público federal. Anterioridade à Lei n. 8112/90, 4/72
Servidor temporário. Incompetência, 3/76, 11/114, 13/129, 16/100
TST e Juiz estadual, 10/92

Concurso público
  Aprovação. Direito à nomeação, 9/78
    Ascensão funcional, 9/79
    Cartório, 9/75
  Direito à convocação, 3/103
    Edital, 9/78
  Emprego público, 4/129
  Escolaridade, 8/85
  Exigência de altura mínima, 3/104, 5/117
  Inexistência. Reconhecimento de vínculo, 3/104
  Investidura em serviço público, 4/131
  Isonomia, 9/81
  Limite de idade, 3/107, 9/80
  Necessidade para professor titular, 3/110
  Preterição, 5/118
  Sistema "S", 16/55
  Sociedade de economia mista. Acumulação de cargo público, 5/93
  Suspensão indeferida, 7/94
  Triênio, 9/116, 9/118, 9/122, 9/124, 9/126, 9/130, 9/132
  V. Servidor público

Conselho Nacional de Justiça, 9/83, 14/83

Conselho Nacional do Ministério Público, 9/88, 14/101

Contadores, 15/53

Contribuição fiscal, 4/73

Contribuição social, 5/158, 6/200, 11/29, 11/119

Contribuições para sindicatos
V. Receita sindical

Contribuições previdenciárias, 4/73, 12/81, 14/114, 15/86, 15/88, 15/89, 16/110

Convenção n. 158/OIT, 1/31, 2/59, 5/15, 7/34, 8/17
V. Tratados internacionais

Cooperativas de trabalho, 11/29, 13/67, 16/34, 16/110

Crédito previdenciário, 11/121

Crime de desobediência, 9/70

Dano moral, 2/44, 4/33
Acidente do trabalho, 9/53, 15/59
Base de cálculo, 9/18, 9/23, 11/19
Competência. Justa causa, 9/53
Competência Justiça do Trabalho, 9/53
Competência. Justiça Estadual, 9/55
Fixação do *quantum*, 10/32, 11/21
Indenização. Descabimento, 3/20

Declaração de inconstitucionalidade
Efeitos, 12/86
Reserva de plenário, 13/87, 15/47

Deficiente
V. Portador de necessidades especiais

Depositário infiel, 4/77, 6/212, 11/29, 12/131, 13/91

Depósito prévio. Débito com INSS, 11/65

Desaposentação, 14/111, 15/93

Detetive particular
Anotação na CTPS. Mandado de injunção. Descabimento, 7/23

Direito à saúde, 14/114

Direito à vida, 5/192

Direito processual, 2/99, 3/69, 4/67, 5/49, 6/89, 7/49, 8/37, 9/33, 10/87, 11/47, 12/61, 13/75, 14/67, 15/57, 16/75
Celeridade, 9/45
Prescrição. Períodos descontínuos, 3/88
Rescisória. Medida cautelar. Planos econômicos, 3/90

Direitos coletivos, 1/47, 2/67, 3/33, 4/39, 5/33, 6/39, 7/37, 8/31, 9/23, 10/57, 11/27, 12/33, 13/61, 14/47, 15/51, 16/61
Confederação. Desmembramento, 4/49
  Direito de associação, 15/51
Desmembramento de sindicato. Alcance do art. 8º, II, da CR/88, 3/64, 15/53
Desmembramento de sindicato. Condições, 3/65
Federação. Desmembramento, 4/50
Liberdade sindical, 1/49, 3/64, 4/49
Registro sindical, 1/49, 6/82
Sindicato. Desmembramento, 4/51, 15/53
Sindicato e associação. Unicidade sindical, 3/67
Superposição, 4/57
Unicidade sindical, 1,52, 2/92, 3/67

Direitos individuais, 1/15, 2/13, 3/11, 4/11, 5/13, 6/15, 7/15, 8/15, 9/15, 10/17, 11/15, 12/15, 13/17, 14/15, 15/15, 16/17

Dirigente sindical
Dirigentes de sindicatos de trabalhadores. Garantia de emprego, 4/41, 10/64
Estabilidade. Sindicato patronal, 4/43
Estabilidade sindical. Registro no MTE, 10/68
Garantia de emprego. Comunicação ao empregador, 3/38
Limitação de número, 3/38
Membro de Conselho Fiscal. Estabilidade, 7/26

Discriminação, 7/176

Dispensa, 14/22

Dissídio coletivo
Autonomia privada coletiva. Representatividade, 4/44
Convenção coletiva. Política salarial, 7/40, 9/26

"De comum acordo", 11/35
Desnecessidade de negociação. *Quorum*, 3/43
Dissídio coletivo de natureza jurídica. Admissibilidade, 3/40
Entidade de 3º grau. Necessidade de comprovação de possuir legitimidade para propositura de ADIn, 6/49
Legitimidade do Ministério Público, 3/46
Negociação coletiva. Reposição do poder aquisitivo, 6/69, 9/26
Negociação prévia. Indispensabilidade, 4/46
  Policial civil, 13/63
Quorum real, 4/47

Dívida de jogo, 6/214

Embargos de declaração
  Prequestionamento. Honorários, 3/86

Emenda Constitucional n. 45/2004, 9/43, 9/45, 9/53, 9/58, 9/83, 9/88, 9/93, 9/94, 9/98, 9/102, 9/116, 9/120, 9/122, 9/124, 9/126, 9/130, 9/132, 9/156, 10/60, 10/95, 10/115, 11/35, 11/37, 11/57, 11/127, 12/47, 12/67, 12/81, 12/84, 12/117, 12/131

Engenheiro
  Inexistência de acumulação, 6/19
  Piso salarial, 6/20

Entidade de classe. Legitimidade, 9/33

Estabilidade
  Alcance da Convenção n. 158/OIT. Decisão em liminar, 1/31, 2/59, 5/15
  Cargo de confiança. Art. 41, § 1º, da CR/88, e 19, do ADCT, 1/37, 6/54
  Dirigente de associação, 6/53
  Extinção do regime, 5/25
  Gestante, 4/28, 6/26, 8/19, 10/35, 15/17, 16/27, 16/28, 16/97
  Membro de Conselho Fiscal de Sindicato, 7/26
  Servidor de sociedade de economia mista. Art. 173, I, da CR/88, 1/37, 3/113, 10/35
  Servidor não concursado, 10/37
  Servidor público, 3/112, 7/126, 15/75
  Suplente de CIPA. Art. 10, II, *a*, do ADCT, 1/32, 2/40, 3/18, 11/19

Estagiário, 2/137

Exame de Ordem, 15/105

Exceção de suspeição, 7/61

Execução
Custas executivas, 3/82
Execução. Cédula industrial. Penhora Despacho em RE, 1/104, 2/111
Impenhorabilidade de bens da ECT. Necessidade de precatório.
Despachos em recursos extraordinários, 1/106, 4/87, 5/60, 6/115, 7/60
Ofensa indireta à Constituição. Descabimento de recurso extraordinário, 6/117, 8/76
Prazo para embargos de ente público, 13/133,16/90
Prescrição, 14/76

Falência
Crédito previdenciário, 11/21
Execução trabalhista. Competência do TRF, 6/119

Falta grave
Estabilidade. Opção pelo FGTS. Desnecessidade de apuração de falta greve para a dispensa, 3/24
Garantia de emprego. Necessidade de apuração de falta grave, 3/26

Fax
Recurso por *fax*, 1/114

Fazenda Pública, 11/61

Férias, 6/22, 9/93

FGTS
Atualização de contas, 7/28
Contrato nulo, 16/24
Correção monetária. Planos econômicos, 4/17

Fiador, 9/151

Gestante
Controle por prazo determinado, 8/20, 16/27
   Desconhecimento do estado pelo empregador, 16/27
Estabilidade, 15/17, 16/27
V. Licença-maternidade

Gratificação
de desempenho, 13/151

de produtividade, 6/25
direito à incorporação, 14/24
especial, 15/69
pós-férias, 10/39

Gratificação de Natal
Incidência da contribuição previdenciária, 2/48

Gratuidade, 10/102

Greve
Abusividade, 2,78, 3/50
  Advogados públicos, 12/35
ADIn. Perda de objeto, 7/41
Atividade essencial. Ausência de negociação, 2/81
Fundação pública, 11/37
Ofensa reflexa, 5/39
Mandado de injunção, 7/41
Multa, 2/84, 5/40
Polícia civil, 12/54, 13/63
Servidor Público, 2/90, 6/59, 7/41, 9/110, 10/69, 12/35, 12/39, 12/54, 14/51, 14/56, 14/60, 16/65

Habeas corpus, 4/77, 6/121, 9/58

Habeas data, 5/194

Homossexual, 7/177, 10/186, 15/98

Honorários advocatícios, 13/98

Horas extras, 13/31

Idoso, 11/60

Imunidade de jurisdição, 1/40, 6/123, 7/67, 8/58, 13/99

Indenização, 14/22

INFRAERO, 8/22
IPC de março/90. Incidência. Poupança, 5/195
Julgamento. Paridade, 7/90

Juiz classista, 7/93, 7/105, 7/137

Juros
Taxa de 0,5%, 11/61
Taxa de 12%, 3/121, 4/71, 9/60

Justiça Desportiva, 12/97

Justiça do Trabalho
Competência, 2/108, 3/74, 4/71, 9/53, 9/58, 9/71, 15/62
Composição, 4/80
Desmembramento, 4/85
Estrutura, 4/80
Lista de antiguidade, 7/106
Presidente de TRT, 5/197
V. Poder normativo da Justiça do Trabalho

Legitimidade
Central sindical, 5/35
Confederação sindical, 4/59
Entidade de classe, 9/25
Sindicato. Legitimidade ativa, 4/60, 7/45

Liberdade sindical, 1/49
Desmembramento de sindicato. Alcance do art. 8º, II, da CR/88, 3/64, 3/65, 4/49, 4/50, 4/51, 4/57, 6/67, 9/30, 11/44, 15/53
V. Sindicato
V. Unicidade sindical

Licença-maternidade, 2/50, 15/19, 16/97
Acordo coletivo, 5/23
Contrato por prazo determinado, 16/27
Fonte de custeio, 4/31
Gestante. Estabilidade. Ausência de conhecimento do estado gravídico. Comunicação, 4/28, 6/26, 8/19, 15/19, 16/27
Horas extras, 6/30
Mãe adotiva, 4/32, 6/32
Valor, 7/132

Litigância de má-fé, 5/63

Magistrado
Abono variável, 10/118
Adicional por tempo de serviço, 7/108, 10/129
Afastamento eventual da Comarca, 8/89
Aposentadoria. Penalidade, 9/90
Aposentadoria. Tempo de serviço, 9/91
Docente. Inexistência de acumulação, 8/90, 9/92

Férias coletivas, 9/93
Justiça desportiva, 12/97
Parcela autônoma de equivalência, 7/109
Promoção por merecimento, 8/99
Reajuste de vencimentos, 8/103
  Redução de proventos, 10/133
Responsabilidade civil, 7/122
  Tempo de serviço, 9/91
  Triênio, 9/116, 9/118, 9/120, 9/122, 9/124, 9/126, 9/130, 9/132

Mandato de injunção coletivo. Legitimidade, 6/133

Mandado de segurança coletivo, 8/77, 15/63

Médico
Abandono de emprego, 16/10
Jornada de trabalho, 8/104

Medidas provisórias
ADIn. Reedição. Aditamento à inicial, 3/125
Reedição de Medida Provisória, 2/165
Relevância e urgência, 3/124

Meio ambiente, 10/182

Ministério Público
Atuação no STF, 13/131, 13/132
  Exercício da advocacia, 14/101
Filiação partidária, 10/139
Interesse coletivo, 6/134
Interesses individuais homogêneos, 7/43
  Legitimidade. Ação coletiva, 10/103
  Legitimidade. Contribuição assistencial, 8/33

Músicos, 15/21

Negativa de prestação jurisdicional. Ausência, 5/70

Negociação coletiva
Governo Estadual. Inconstitucionalidade, 15/55
Reposição de poder aquisitivo, 6/69, 7/40, 9/26
V. Dissídio coletivo

Norma coletiva
Alcance, 2/69

Não adesão ao contrato de trabalho, 11/40
  Política salarial, 7/40
  Prevalência sobre lei, 5/37
  Reajuste, 3/53
Ordem dos Advogados, 10/141, 15/105
Organização internacional
  Imunidade de execução, 10/104
  Imunidade de jurisdição, 13/99
Pacto de São José da Costa Rica, 7/183, 11/127, 11/129, 11/134, 12/131
  V. Tratados internacionais
Participação nos lucros, 12/19
Planos econômicos
  FGTS. Correção monetária, 4/17
  Rescisória. Medida cautelar, 3/90
  Violação ao art. 5º, II, da CR/88, 1/17
Poder normativo da Justiça do Trabalho, 6/70
  Cláusulas exorbitantes, 10/71
  Concessão de estabilidade, 1/76
  Conquistas, 1/77
  Limitações, 1/74
  V. Justiça do Trabalho
Policial militar. Relação de emprego, 9/20
Portador de necessidades especiais, 6/35
Precatório, 1/106, 2/112, 4/87, 4/96, 5/60, 5/72, 6/145, 7/60, 7/169, 9/62, 11/63, 12/89
  Art. 100, § 3º, da Constituição, 6/145, 11/63
    Autarquia, 9/62
  Correção de cálculos, 8/67
  Crédito trabalhista. Impossibilidade de sequestro, 5/72
  Instrução normativa n. 11/97-TST. ADIn, 5/75, 7/69
  Juros de mora. Atualização, 8/68
  Juros de mora. Não incidência, 7/80
  Obrigação de pequeno valor. Desnecessidade de expedição, 5/77, 7/71, 9/63
  Sequestro, 6/147, 6/148, 7/74, 8/69, 8/71, 8/72, 9/65

Prefeito e Vice-Prefeito
Férias, 13º salário, representação, 15/71
Preposto, 7/85
Prequestionamento, 2/123, 5/79, 6/157, 7/87
Prescrição
Efeitos, 7/88
  Execução, 14/76
Extinção do contrato de trabalho, 6/158
Ministério Público. Arguição, 4/100
Mudança de regime, 4/136
Períodos descontínuos, 3/88
Regra geral, 6/160, 10/108
Trabalhador rural, 4/102
Prestação jurisdicional, 2/125
Previdência Social, 3/127, 4/173, 5/135, 6/185, 7/129, 9/135, 10/165, 11/117, 12/105, 13/149, 14/109, 15/77, 16/105
Anulação de aposentadoria, 15/79
Aposentadoria. Complementação. Petrobrás, 4/173
Aposentadoria. Férias não gozadas. Indenização indevida, 3/127
Aposentadoria voluntária, 8/114
Assistência social, 5/147
Auxílio alimentação. Extensão a aposentados, 3/130, 5/143
Benefícios. Impossibilidade de revisão, 3/128, 4/175, 5/152
Cálculo de benefícios, 7/139
Contribuição. Aposentados e pensionistas, 4/177, 5/158, 8/121, 13/154, 15/81
Contribuição para caixa de assistência, 15/81
Direito adquirido. Aposentadoria. Valor dos proventos, 4/178
Gratificação de Natal, 5/135
Trabalhador rural. Pensão por morte, 3/130
União homoafetiva, 15/98
V. Aposentadoria e contrato de trabalho
V. Benefícios previdenciários
Prisão civil, 7/183
Agricultor, 11/127
Depositário infiel, 4/77, 6/212, 11/129, 12/131

Devedor fiduciante, 11/127, 12/131
Leiloeiro, 11/129

Procedimento sumaríssimo, 4/104

Procuração *apud acta*, 4/106

Professor
Aluno-aprendiz, 15/96
Piso e jornada, 12/21, 15/35

Profissional liberal, 16/34

Providências exclusivas. Pedido esdrúxulo, 6/226

Radiologista, 14/38, 15/45

Reajuste salarial. Inexistência de direito adquirido, 3/29

Receita sindical
Cobrança de não filiados, 3/59, 6/82
Contribuição assistencial. Despacho em recurso extraordinário, 1/69, 3/56, 5/42, 5/44
Contribuição assistencial. Matéria infraconstitucional, 8/33
Contribuição assistencial. Não associados, 9/28
Contribuição assistencial patronal, 10/60
Contribuição confederativa aplicável para urbanos, 1/67
Contribuição confederativa. Autoaplicabilidade, 2/95, 2/96
Contribuição confederativa. Não associados, 7/39
Contribuição confederativa para associados, 1/66, 6/82
Contribuição confederativa programática para rurais, 1/68, 6/83
Contribuição sindical. Competência, 12/84
Contribuição sindical para servidores públicos, 1/72
Contribuição sindical patronal. Empresas escritas no *Simples*, 3/62
Contribuição sindical rural, 5/44, 6/85, 11/55
Contribuição social, 5/158

Reclamação criada em Regimento Interno, 12/91

Recuperação de empresas, 11/23, 13/33

Recurso administrativo em DRT. Multa, 3/132, 4/179, 15/65

Recurso de revista
Cabimento, 8/75
Pressupostos de admissibilidade, 5/86

Recurso extraordinário
Cabimento, 2/130, 4/108
Decisão de Tribunal Regional, 9/68
Decisão interlocutória, 9/67
Descabimento, 4/109, 6/162, 9/67, 9/68
Prequestionamento, 4/109
Violação do contraditório, 4/122

Recurso impróprio, 8/76

Redutor salarial, 14/100

Regime jurídico único, 12/101

Registro
Profissional, 15/61
Público, 9/70
Sindical, 1/49, 8/35, 14/49, 16/63

Repouso semanal remunerado
Alcance do advérbio *preferentemente*. ADIn do art 6º da MP n.
  1.539-35/97. Art. 7º, XV, da CR/88, 1/29

Responsabilidade do Estado, 8/164

Responsabilidade subsidiária, 7/89, 14/41, 16/39, 16/45, 16/50

Salário-família, 16/98

Salário mínimo, 2/55, 3/11
ADIn. Omissão parcial. Valor, 7/19
Dano moral. Indenização, 4/33
  Fixação por decreto, 15/37
Multa administrativa. Vinculação, 4/34
Pensão especial. Vinculação, 4/35
Salário mínimo de referência, 5/29
  Salário mínimo. Vinculação, 12/17
Salário profissional. Vedação. Critério discricionário. Aplicação da
  LICC, 4/36
  Radiologista, 14/38, 15/45
Vencimento, 5/130
Vencimento básico. Vinculação, 4/37

Segurança, higiene e saúde do trabalhador, 9/100

Segurança pública, 8/164

Sentença
  Críticas à, 14/71
  Estrangeira, 9/156
Serviço militar. Remuneração, 12/27
Serviço público
  V. Servidor público
  V. Concurso público
Servidor público
  Acumulação de vencimentos, 6/167, 10/151
  Admissão antes da CR/88, 2/139
  Admissão no serviço público. Art. 37, II da CR/88. Despachos em recursos extraordinários. ADIMC da Medida Provisória n. 1.554/96, 1/91
  Admissão sem concurso, 9/35
  Agências reguladoras. Pessoal celetista. ADIn, 5/95
  Anistia, 2/153, 2/155
  Anuênio e Licença Prêmio, 3/101
  Art. 19 do ADCT, 2/163, 8/88
  Ascensão funcional, 9/79
  Cálculo de vencimentos, 13/140
  Competência da Justiça do Trabalho, 4/71, 4/72
  Competência da Justiça Federal, 9/94
  Concurso Público, 2/148, 3/103, 6/170, 7/94, 8/85
  Contraditório, 10/154
  Contratação, 11/76
  Contratações e dispensas simultâneas, 3/112
  Contribuição social, 5/158
  Demissão, 9/105
  Desvio de função, 5/122, 9/106
  Direitos trabalhistas, 16/100
  Engenheiro florestal. Isonomia. Vencimento básico. Equivalência ao salário mínimo, 6/171
  Estabilidade. Emprego público. Inexistência, 8/87
  Estabilidade independentemente de opção pelo FGTS, 3/112, 3/113
  Estabilidade. Matéria fática, 7/126
  Estabilidade sindical, 5/123, 10/68
  Exame psicotécnico. Exigência, 6/176

Exercício da advocacia, 14/101
Férias, 13/139
Gestante, 16/97
Gratificação, 9/109
Greve, 1/86, 2/90, 6/59, 7/41, 9/110, 11/78, 12/35, 14/51, 14/56, 14/60, 16/65
Idade, 9/80
Inativos, 7/103,7/118
Incompetência da Justiça do Trabalho. Art. 114, da CR/88, 1/101, 7/156
Inexistência de efetividade no cargo, 3/114
Isonomia, 9/81
Jornada de trabalho, 13/143
Médico, 8/104, 16/30
Mudança de regime, 4/136, 5/125, 10/140
Nomeação, 9/78
Ocupante de cargo em comissão, 3/115, 13/139
Oficial de Justiça, 13/143
P.I.P.Q., 7/118
Prestação de serviço. Administração Pública. Art. 19 do ADCT, 4/139
Promoção, 10/146
Quintos e décimos, 10/154
Reajuste de vencimentos de servidores públicos. Art. 39, § 1º, da CR/88, 1/85
Reajuste por ato administrativo, 7/120
Reajuste salarial, 10/159
Regime jurídico único, 12/101
Reserva legal, 5/127, 9/112
Responsabilidade civil do Estado, 6/177
Salário-família, 16/98
Serventuário de cartório, 4/142, 9/75
Servidor municipal celetista. Aplicação do art. 41 da CR/88, 3/115
Servidor temporário, 7/128, 9/111, 12/65,16/100
Sociedade de economia mista. Acumulação de cargo público, 4/144, 5/128
Tempo de serviço, 6/178
Tempo de serviço. Adicional por tempo de serviço. Atividade privada, 2/160
Tempo de serviço rural, 7/136

Temporário, 9/111, 11/114, 13/129
URV, 4/146
Vantagem *sexta-feira*, 6/181
Vencimentos de magistrados, 6/183
V. Concurso público

Sindicato
Associação sindical, 14/49
Cadastro sindical, 16/63
Desmembramento, 11/44
Legitimidade. Relação jurídica. Integração profissional, 7/45
Limite de servidores eleitos, 7/45
Representatividade, 9/30
Serviços a terceiros, 5/47
V. Liberdade sindical
V. Registro sindical
V. Unicidade sindical

Sistema "S", 16/55

Subsídios, 7/98

Substituição processual
Alcance, 1/55, 7/46, 10/75
Desnecessidade de autorização, 1/62
Empregados de empresa pública, 1/64
Legitimidade, 2/98, 7/46
Servidores do Banco Central do Brasil, 1/65

Súmulas do STF, 7/143, 12/135, 13/159, 14/123, 15/137

Sustentação oral, 6/164, 7/53

Terceirização, 15/47, 16/39 16/45, 16/50

Testemunha litigante, 2/131, 3/94, 4/124

Trabalhador rural
Contribuição, 9/146
Funrural, 9/146
Menor de 14 anos, 9/147
Tempo de serviço, 9/147, 13/53

Trabalho forçado, 10/40, 13/51, 16/57

Transcendência, 11/67

Tratados internacionais
Competência para denunciar, 7/34
Hierarquia, 2/59, 12/131
V. Convenção n. 158/OIT
V. Pacto de São José da Costa Rica

Tributação, 10/171

Triênio de atividade jurídica
Liminar concedida, 9/116
Liminar negada, 9/120

Turnos ininterruptos de revezamento
Intervalo. Art. 7º, XIV, da CR/88, 1/23, 2/64, 3/30, 5/30, 6/38, 8/26

Unicidade sindical, 1/52, 2/92, 3/67, 10/76, 10/84, 11/44
V. Liberdade sindical

URV, 4/146

Vale-refeição
Reajuste mensal, 8/28
V. Auxílio alimentação
V. Previdência social

Vale-transporte
Pagamento *in pecunia*, 14/116

Vigilantes, 13/59

Violação ao art. 5º, n. II, CR/88, 1/17

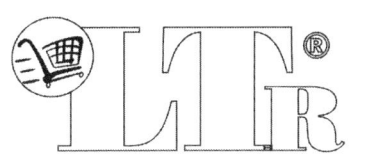

LOJA VIRTUAL	BIBLIOTECA DIGITAL	E-BOOKS
www.ltr.com.br	www.ltrdigital.com.br	www.ltr.com.br

Produção Gráfica e Editoração Eletrônica: GRAPHIEN DIAGRAMAÇÃO E ARTE
Design de Capa: FABIO GIGLIO
Impressão: IMAGEM DIGITAL